# BENVENUTO CELLINI,

OPÉRA EN DEUX ACTES,

PAROLES DE

MM. LÉON DE WAILLY, ET AUGUSTE BARBIER,

MUSIQUE

## DE M. HECTOR BERLIOZ,

REPRÉSENTÉ, POUR LA PREMIÈRE FOIS,

SUR LE THÉATRE DE L'ACADÉMIE ROYALE DE MUSIQUE,

LE 3 SEPTEMBRE 1838.

PRIX: 1 FRANC.

PARIS

D. JONAS, ÉDITEUR, A L'OPÉRA.
BARBA, LIBRAIRE, PALAIS-ROYAL.

1838

# BENVENUTO CELLINI.

## OPÉRA EN DEUX ACTES,

PAROLES DE

MM. LÉON DE WAILLY ET AUGUSTE BARBIER,

MUSIQUE DE

M. HECTOR BERLIOZ,

Représenté, pour la première fois,
SUR LE THÉATRE DE L'ACADÉMIE ROYALE DE MUSIQUE
le 3 septembre 1838.

Prix : 1 franc.

PARIS.
E. JONAS, ÉDITEUR, A L'OPÉRA,
BREDA, LIBRAIRE, PALAIS-ROYAL.
1838

# BENVENUTO CELLINI.

Divertissements de M. Corali.
Décorations de MM. Philastre et Cambon.

IMPRIMERIE DE E. DUVERGER, RUE DE VERNEUIL, N° 4.

# BENVENUTO CELLINI,

## OPÉRA EN DEUX ACTES,

PAROLES DE

MM. LÉON DE WAILLY ET AUGUSTE BARBIER,

MUSIQUE

## DE M. HECTOR BERLIOZ,

REPRÉSENTÉ, POUR LA PREMIÈRE FOIS,

SUR LE THÉATRE DE L'ACADÉMIE ROYALE DE MUSIQUE,

LE 3 SEPTEMBRE 1838.

## PARIS

D. JONAS, ÉDITEUR, A L'OPÉRA.

BARBA, LIBRAIRE, PALAIS-ROYAL.

1838

# PERSONNAGES.

|  | ACTEURS. |
|---|---|
| BENVENUTO CELLINI, ciseleur florentin...... | MM. Duprez. |
| GIACOMO BALDUCCI, trésorier du pape...... | Dérivis. |
| FIERAMOSCA, sculpteur du pape........... | Massol. |
| Le cardinal SALVIATI, camerlingue........ | Serda. |
| FRANCESCO, } chefs d'atelier de Cellini..... | Wartel. |
| BERNARDINO, } | Ferdinand Prévost. |
| POMPEO, spadassin, ami de Fieramosca....... | Molinier. |
| Un cabaretier............................ | Trevaux. |
| TERESA, fille de Balducci.................. | M<sup>mes</sup> Dorus-Gras. |
| ASCANIO, élève de Cellini................. | Stolz. |

### PERSONNAGES MUETS.

Le faux trésorier.
Arlequin.
Polichinelle.
Colombine.
Deux spadassins.

### CHŒURS.

Servantes et voisines de Balducci.
Ciseleurs.
Fondeurs.
Masques.
Sbires.
Moines.
Suite du cardinal.
Peuple.

La scène se passe à Rome, au seizième siècle, sous le pontificat de Clément VII, les lundi, mardi gras, et mercredi des Cendres.

# Danse.

ACTE I.

*Deuxième tableau.*

PARADE.

MM. Qeuriaut, Adice, Coralli fils.
Mademoiselle Albertine.

SALTIMBANQUES.

MM. Lenoir, Martin, Jourdoux, Ponceau.

SALTARELLO.
*Coryphées.*

MM. Honoré, Desplaces 2$^{me}$, Adrien.
Mlles Guichard, Dumilatre 1$^{re}$, Dumilatre 2$^{me}$.

## Corps de danse.

MM. Scio, Gondoin, Chatillon, Bares 2$^{me}$, Brillant, Laboissée, Huguet, Durand, Guiffard, Millot, Célarius, Constant.
Mesd. Robin, Pérès 1$^{re}$, Marivin, Jomard, Célarius 1$^{re}$, Julia, Caroline Lassiat, Kolnberg, Célestine Émarot, Capon, Thomas, Desjardins 2$^{me}$.

SBIRES.

MM. Lefevre, Grenier.

SEIGNEURS.

MM. Lenfant, Isambert, Bégrand, Ragaine, Mignot, Ch. Petit, Renaucy, Fromage, Garré, Cornet 1$^{er}$, L. Petit, Clément.

PEUPLE.

Mesd. Leclercq, Lacroix, Coupotte, Campan, Saulnier 1$^{re}$, Colson, Duménil 1$^{re}$, Duménil 2$^{me}$, Duc, Benard 2$^{me}$, Delaquit, Célarius 2$^{me}$, Desjardins 1$^{re}$, Lacoste, Savatier, Manuel, Lenoir, Lelong, Delapoterie, Rémy, Verneuil, Chamberlan, Rodriguez, Hébert.

ENFANTS DU PEUPLE.

Mlles Provost, Robert, Dabas, Pérès 2$^{me}$, Paget, Bénard 1$^{re}$, Courtois 2$^{me}$, Josset, Chevalier, Daubignon, Delestra, Dimier, Santi, Debbes, Masson, Toussain, Lacoste 2$^{me}$, Danse, Dellie, Marquet 2$^{me}$, Geandron 1$^{re}$, Geandron 2$^{me}$, Bizor, Bouvier.
MM. Provost 1$^{re}$, Provost 2$^{me}$, Ernest, Cornet 2$^{me}$, Rouget, Jules, Dimier, Maugin, Lejeune, Viéthof.

ACTE II.

*Premier tableau.*

PAGES DU CARDINAL.

Mlles Galby, Fournier, Viéthof, Lemaitre.
Les seigneurs du premier acte.

SPADASSINS.

MM. Grénier, Lefevre.

*Dernier tableau.*

Tout le monde qui figure dans le courant de l'ouvrage.

Le drame que l'on offre à tes yeux, spectateur,
N'est point un pur roman indigne de croyance;
Les faits sont vrais, tu peux en prendre connaissance
Aux mémoires écrits par le grand Ciseleur.

Cellini vit le jour dans la belle Florence;
Il fut en même temps bon orfèvre et sculpteur,
Il sut défendre Rome en savant artilleur,
Et suivit à Paris François premier de France.

Il était violent et souvent sans raison;
Très prompt à la riposte il tua plus d'un homme,
Et mainte fois ne dut qu'au talent son pardon.

Ce n'était pas un ange, on le voit, mais en somme
Il n'eut jamais au cœur de basse affection
Et toujours il aima l'art avec passion.

# BENVENUTO CELLINI,

## OPÉRA EN DEUX ACTES.

## ACTE PREMIER.

### PREMIER TABLEAU.

**LUNDI GRAS.**

L'appartement de messer Giacomo Balducci au tomber de la nuit. Sur le devant, à gauche, une table entre deux fauteuils à dossier. Deux portes; une à gauche, une au fond. A droite, une fenêtre. La nuit augmente graduellement.

#### SCÈNE I.

BALDUCCI, TERESA.

*Teresa regarde par la fenêtre; Balducci entre par la porte du fond, achevant de s'habiller.*

**INTRODUCTION.**

BALDUCCI.
Teresa... mais où peut-elle être?
Thérèse... à la fenêtre!
Je l'ai pourtant bien défendu;
N'avez-vous donc pas entendu?
Pour prendre l'air l'heure est fort belle!
Depuis un siècle que j'appelle,
Le pape m'attend... mon bâton,
Mes gants, ma dague, et ce carton...

*Teresa prend tour à tour ces objets sur la table et les lui présente.*

C'est à damner un saint, un ange!
En vérité, c'est bien étrange
Que le pape ainsi dérange
Un trésorier soir et matin
Pour Cellini, ce libertin,
Ce paresseux, ce Florentin!
Aussi pourquoi, notre saint père,
Prendre en Toscane un ciseleur,
Quand vous aviez votre sculpteur
Fieramosca, dont c'est l'affaire? *(Il sort.)*

TERESA.
Enfin il est parti,
Tout de bon,... je respire,
Ouf... quel ennui!
C'était un vrai martyre.

*Chœur de masques au dehors.*

BALDUCCI, *rentrant.*
D'où vient ce bruit?

TERESA.
O Dieu! serait-ce lui!

Cellini, Francesco, Bernardino et masques *(au dehors.)*
Tra la la la
De profundis!
Carnaval père
Ce soir enterre
Un de ses fils!
Mais soyez sages,
O grands enfans
De tous les âges,
De tous les rangs;
Homme ni femme
Ne pleurez pas,
Buvez à l'âme
De lundi gras!

BALDUCCI.
A ma porte quel tapage!

C'est Cellini, je le gage,
Avec ses mauvais sujets :
Prenons garde à ses projets.

*Il s'approche de la fenêtre et reçoit une grêle de fausses dragées qui lui couvrent le corps et le visage de taches blanches.*

Cellini, Francesco, Bernardino et le chœur de masques.

Vive la joie !
Les morts sont morts ;
Dieu nous envoie
Un joyeux corps,
Un gai compère
Encor plus gras
Que feu son frère ;
Ne pleurons pas.

### ENSEMBLE.

**BALDUCCI.**

Ah ! marauds ! infâme engeance !
C'est sa bande, l'insolent !
Me couvrir ainsi de blanc
Lorsqu'il faut qu'en diligence
Je me rende au Vatican !
Va, de toi j'aurai vengeance
Quelque jour, maudit Toscan !

BALDUCCI, *à Teresa qui éclate de rire.*

Oui, riez; la belle affaire !
Pour changer il est trop tard,
Ah ! grand Dieu ! chez le saint père
J'aurai l'air d'un léopard !

*Teresa s'approche de la fenêtre à son tour et reçoit une pluie de fleurs.*

### ENSEMBLE.

**BALDUCCI.**

C'est bien lui, je vais descendre !
Misérable, ose m'attendre !
C'est ce fat, votre enjôleur !
Moi l'épine, et vous la fleur !
Lui Cellini, lui mon gendre !
Mille fois plutôt me pendre !
Ah ! malheur à lui, malheur !
Ce Florentin,
Ce paresseux, ce libertin !
Ose m'attendre,
Gueux à pendre !

**TERESA.**

Oui, c'est lui, c'est votre gendre !
Croyez-vous me faire prendre
Un mari contre mon cœur ?
Renoncez à cette erreur,
Colombine est à Léandre ;
Moi la femme de Cassandre !
Ah ! malheur à lui, malheur !

Cellini, Francesco, Bernardino et le chœur de masques.

De profundis !

Carnaval père
Ce soir enterre
Un de ses fils !
Mais soyez sages,
O grands enfants
De tous les âges,
De tous les rangs ;
Homme ni femme
Ne pleurez pas,
Buvez à l'âme
De lundi gras !

## SCÈNE II.

TERESA, *seule.*

*Parmi les fleurs qu'on vient de lui jeter elle ramasse un bouquet.*

Les belles fleurs... un billet... Cellini !
Quelle imprudence... *Elle lit.* Eh quoi ! venir ici ?
Ce soir même... Ah ! grand Dieu ! mais mon père
Est bien loin, et l'instant est propice... Que faire ?

### AIR.

Entre l'amour et le devoir
Un jeune cœur est bien à plaindre,
Ce qu'il désire il doit le craindre,
Et repousser même l'espoir.
Se condamner à toujours feindre,
Avoir des yeux et ne point voir,
Ah ! comment le pouvoir ?
Un jeune cœur est bien à plaindre
Entre l'amour et le devoir.

Quand j'aurai votre âge,
Mes chers parents,
Il sera bien temps
D'être plus sage ;
Mais à seize ans
Ce serait dommage.
Oh ! dès qu'à mon tour
Je serai grand'mère,
Alors, laissez faire !
Malheur à l'amour !

## SCÈNE III.

TERESA, CELLINI.

**TERESA.**

J'entends quelqu'un monter...
Cellini !...

**CELLINI.**

Teresa ! ne fuyez pas ma vue !

**TERESA.**

Cellini, près de vous je ne puis pas rester !

## ACTE I, SCÈNE IV.

CELLINI.
Ah! ce langage me tue!

TERESA.
Du bruit...

CELLINI.
Rassurez-vous...

TERESA.
On vient... je suis perdue!
Partez!

CELLINI.
Ce bruit n'est rien, sur mon honneur!
C'est le gai carnaval qui dehors parle en maître.
Laissez-le sous votre fenêtre
Agiter son grelot moqueur,
Et calmez, Teresa, calmez votre frayeur.

### TRIO.

CELLINI.
Vous que j'aime plus que ma vie,
O Teresa! je viens savoir
Si loin de vous, triste et bannie,
Mon âme doit perdre l'espoir.

TERESA.
Las! votre amour n'est que folie,
Un vain tourment et sans espoir!
Il faut m'oublier pour la vie,
Car je ne dois plus vous revoir.

## SCÈNE IV.

LES PRÉCÉDENTS, FIERAMOSCA.

FIERAMOSCA, *un gros bouquet à la main, entrant par la porte du fond.*
Ce n'est pas en forçant les grilles,
En mettant bas portes, verrous,
Que l'on gagne le cœur des filles;
Mais en marchant à pas de loups.

CELLINI.
Non, par les saints, par la madone!...

FIERAMOSCA, *épouvanté.*
Dieu! Cellini, cachons-nous là!
*Il entre dans la chambre de Teresa.*

CELLINI.
Je ne puis croire, ô Teresa,
Qu'amour jamais vous abandonne
Aux bras de ce Fieramosca!

TERESA.
Ah! me préservé ma patronne
De ce malheur, car je sens là
Que je mourrai, si l'on me donne
A ce Fieramosca.

FIERAMOSCA, *entr'ouvrant la porte.*
Ah! si j'osais parler tout haut!
Ah! si j'osais souffler un mot!

### ENSEMBLE.

CELLINI.
Eh bien! donc, Teresa, ma vie,
Au nom des saints, je viens savoir
Si loin de vous, triste et bannie,
Mon âme doit perdre l'espoir.

TERESA.
Mais votre amour n'est que folie,
Un vain tourment et sans espoir.
Il faut m'oublier pour la vie,
Non, je ne dois plus vous revoir.

CELLINI *et* TERESA.
Fieramosca!...

CELLINI.
Ce plat faquin!

TERESA.
Qui... moi sa femme!... je préfère
Cent fois la mort la plus amère!

FIERAMOSCA, *brandissant son bouquet.*
Si j'avais ma rapière en main!

CELLINI.
Ah! mourir, chère belle,
Qu'avez-vous dit là?
Cette voie est cruelle,
O ma Teresa!
Non, prenons l'autre route
Aux gazons fleuris,
Que jamais ne redoute
Un cœur bien épris.

TERESA.
L'autre route, et laquelle?
Ne me cachez rien.

FIERAMOSCA.
Si j'avais ma rapière en main!

CELLINI.
Ne soyez pas rebelle,
Ecoutez-moi bien.

TERESA, *à voix basse.*
Parlez plus bas.

CELLINI.
Demain soir, mardi gras.

TERESA.
Demain soir, mardi gras,

FIERAMOSCA, *derrière le fauteuil placé à la gauche de la table.*
Gras?

CELLINI.
Surtout n'y manquez pas.

FIERAMOSCA.
Je n'entends pas.

CELLINI.
Venez place Colonne,

TERESA.
Place Colonne...

FIERAMOSCA.
                Colonne?
CELLINI.
Au coin où Cassandro,
TERESA.
Où Cassandro...
        FIERAMOSCA.
                Cassandro?
CELLINI.
Au peuple romain donne
Un opéra nouveau.
        FIERAMOSCA.
Un opéra nouveau?
CELLINI.
Là, tandis qu'en délire
Sa troupe fera rire
Votre père aux éclats,
Vous, vous prendrez le bras
        TERESA.
Je prendrai le bras...
        FIERAMOSCA.
                Le bras?
CELLINI.
D'un moine en robe brune,
        TERESA.
D'un moine en robe brune...
        FIERAMOSCA.
                Brune?
CELLINI.
                Et d'un pénitent blanc.
        TERESA.
D'un pénitent blanc...
        FIERAMOSCA.
                Blanc?
CELLINI.
L'un sera votre amant,
        TERESA.
Vous!
        FIERAMOSCA.
Lui?
        TERESA.
Vraiment?
CELLINI.
Et l'autre mon élève.
        TERESA.
Votre élève?
        FIERAMOSCA.
                Son élève?
CELLINI.
Alors je vous enlève,
        TERESA.
Il m'enlève?
        FIERAMOSCA.
                Enlève?

CELLINI.
Et soudain tous les deux
Nous allons à Florence,
        TERESA.
A Florence...
        FIERAMOSCA.
                A Florence?
CELLINI.
Couler des jours heureux :
        CELLINI et TERESA.
Et soudain pour Florence,
Le cœur plein d'espérance,
Nous partons tous les deux.
        FIERAMOSCA.
        Tous les deux?
        TERESA.
O Cellini! se peut-il faire
Que je laisse ainsi mon père?
N'est-ce point blesser les cieux?
        CELLINI.
Offenser le ciel, non, je pense,
Votre père bien plus l'offense
En voulant que sa Teresa,
Comme une fleur, tombe et s'altère
Dans l'ombre d'un couvent austère,
Où la main d'un Fieramosca.
        TERESA.
Fieramosca! Fieramosca!
        FIERAMOSCA.
O trésorier! que n'es-tu là!
        TERESA.
C'en est fait, ma haine est trop forte;
Dans mon âme sa voix l'emporte.
Mon ami, prenons espoir,
A demain, à demain soir!
        CELLINI.
A demain soir!
        FIERAMOSCA.
                A demain soir!
        CELLINI.
Redirai-je le lieu, l'heure du rendez-vous?
TERESA, *avec empressement et à haute voix.*
Oui... ce sera... disons-nous?
CELLINI, *tendrement et avec un léger accent d'ironie.*
Plus bas, parlez plus bas!
Demain soir, mardi gras,
        TERESA.
Demain soir, mardi gras...
FIERAMOSCA, *passant pour mieux entendre derrière le second fauteuil placé à la droite de la table.*
Demain soir, mardi gras...
        CELLINI.
Vous n'y manquerez pas?
        TERESA.
Non,

CELLINI.
Vous n'y manquerez pas?
TERESA.
Je n'y manquerai pas.
FIERAMOSCA.
Je n'y manquerai pas.
CELLINI.
Venez place Colonne,
TERESA.
Place Colonne,
FIERAMOSCA.
Place Colonne.
CELLINI.
Au coin où Cassandro,
TERESA et FIERAMOSCA.
Au coin où Cassandro,
CELLINI.
Au peuple romain donne
Un opéra nouveau.
TERESA et FIERAMOSCA.
Donne un opéra nouveau.
CELLINI.
Là, tandis qu'en délire
Sa troupe fera rire
Votre père aux éclats,
Vous...
TERESA.
Moi...
FIERAMOSCA.
Lui...
CELLINI.
Vous prendrez le bras
TERESA.
Oui, je prendrai le bras
FIERAMOSCA.
Elle prendra le bras
CELLINI.
D'un moine en robe brune,
TERESA.
D'un moine en robe brune,
FIERAMOSCA.
Elle prendra le bras
D'un moine en robe brune,
CELLINI.
Et d'un pénitent blanc.
TERESA.
Et d'un pénitent blanc.
FIERAMOSCA.
Et d'un pénitent blanc.
CELLINI.
L'un sera votre amant,
TERESA.
L'un sera mon amant,
FIERAMOSCA.
L'un sera son amant,

CELLINI.
Et l'autre mon élève.
TERESA.
Votre élève...
FIERAMOSCA.
Son élève...
CELLINI.
Alors je vous enlève,
TERESA.
Il m'enlève!
FIERAMOSCA.
Il l'enlève!
CELLINI.
Et soudain tous les deux
Nous allons à Florence
TERESA.
A Florence,
FIERAMOSCA.
A Florence!
CELLINI.
Couler des jours heureux.
TERESA.
Couler des jours heureux.
FIERAMOSCA.
Vivre heureux!

*ENSEMBLE*

TOUS LES TROIS.

Et soudain pour Florence,
Le cœur plein d'espérance,
CELLINI.
Nous partons tous les deux.
FIERAMOSCA.
Ils partent tous les deux!

*ENSEMBLE.*

CELLINI.
Ravissante promesse!
O moments pleins d'ivresse!
Pour mon cœur que vous êtes doux!
Amour, sous ton aile
Garde, garde ma belle
Fidèle
A son rendez-vous.
TERESA.
Mère de tendresse,
Vierge que sans cesse
J'implore à genoux,
Pardonne à ma voix rebelle,
Et viens calmer celle
D'un père en courroux.
FIERAMOSCA.
Ah! femelle traîtresse!
Perfide tigresse!
Prenez garde à vous!

### ENSEMBLE.

**CELLINI et TERESA.**
Oui, la mort éternelle !
Nous aurions bien tort,
La jeunesse doit-elle
Chercher là le port.
Quand l'amour nous apprête
Un doux avenir ;
Ne tournons point la tête
Laissons-le venir.
Tyrans des cœurs fidèles,
O vieillards jaloux !
Les amours ont des ailes
Pour fuir loin de vous.
Ah ! partons tous les deux,
Fuyons loin de leurs yeux,
Et vers d'autres lieux
Allons couler des jours heureux ;
Oui, soudain pour Florence,
Le cœur plein d'espérance,
Nous partons tous les deux.

**FIERAMOSCA.**
Ah ! femelle traîtresse,
Perfide tigresse,
Prenez garde à vous !
Ma haine, en plainte éternelle
Changera, cruelle !
Vos projets si doux.
Je saurai déranger ce charmant rendez-vous,
Je saurai déjouer votre projet si doux ;
Ah ! prenez garde à vous !

**CELLINI.**
A demain !

**TERESA.**
A demain !

**FIERAMOSCA.**
A demain, à demain !

### ENSEMBLE

**TOUS LES TROIS.**
A demain soir, à demain !

**CELLINI**, *à voix basse en se retirant.*
Place Colonne.

**TERESA.**
Chut !

**CELLINI.**
Près du théâtre.

**TERESA.**
Bien.

**CELLINI.**
Un moine blanc.

**TERESA.**
J'y serai...

**FIERAMOSCA.**
Bien.

Nous y serons...

**CELLINI et TERESA.**
Espérons !

**TOUS LES TROIS.**
A demain !

**TERESA.**
Ciel ! nous sommes perdus, c'est le pas de mon père...

**CELLINI.**
Etes-vous sûre ?

**TERESA.**
Le voici !

**FIERAMOSCA**, *refermant sur lui la porte de la chambre de Teresa.*
Comme un furet, moi, je me cache ici.

**CELLINI.**
O Teresa ! que devenir, que faire ?
Votre chambre...

**TERESA.**
Oh ! non pas ; mon Dieu, secourez-moi !

**CELLINI.**
Le voici...

**TERESA.**
Le temps presse,

**CELLINI.**
Où fuir ?

**TERESA.**
Je meurs d'effroi !

**CELLINI**, *se jetant à tout hasard derrière la porte d'entrée.*
Ah ! je suis pris, ma foi !

### SCÈNE V.

**LES PRÉCÉDENTS, BALDUCCI.**

*La porte en s'ouvrant cache Cellini, et Balducci surpris de voir sa fille encore debout oublie de la refermer. Il entre, tenant à la main un flambeau allumé.*

**BALDUCCI.**
Eh quoi ! ma fille, encor dans la salle à cette heure !
Il va bientôt sonner minuit.

**TERESA**, *interdite et montrant la porte de sa chambre.*
Mon père... un homme...

**BALDUCCI.**
Un homme en ma demeure ?

**TERESA.**
Un homme... quand j'allais me coucher... un grand bruit !

**BALDUCCI**, *prenant sur la table le flambeau et la canne qu'il y a déposés en arrivant.*
Un homme ici, ma chère fille, un homme !
Vite un flambeau, ma canne... que j'assomme
Ce brigand, ce voleur de nuit.
*Il entre dans la chambre.*

**TERESA**, *à Cellini.*
Profitez du départ de mon père,

## ACTE I, SCENE V.

Cellini, fuyez soudain.
### CELLINI.
Merci, mon ange tutélaire,
A demain soir, à demain !
*Il s'échappe.*

## SCÈNE VI.

**TERESA, BALDUCCI, FIERAMOSCA.**

### TERESA.
De frayeur je me sens toute émue.
### BALDUCCI, *dans la chambre de sa fille.*
Ah, brigand ! je te tiens...
### TERESA.
Dieu ! quel bruit !
Dans ma chambre on s'était introduit ?
### BALDUCCI, *amenant Fieramosca.*
Suis-moi, drôle, ou sinon je te tue.
Quoi, c'est vous !
### TERESA, *surprise et enchantée.*
O capture imprévue !
### FIERAMOSCA.
Ce n'est point un voleur...
### BALDUCCI.
C'est bien pis.
Un larron de boudoir couvert d'ambre !
Répondez çà, monsieur le beau fils,
Qu'étiez-vous venu faire en sa chambre ?
### FIERAMOSCA.
C'est bien simple, eh ! chez vous je venais...
### BALDUCCI.
Vous étiez tout venu...
### FIERAMOSCA.
Oui, j'étais
En visite...
### BALDUCCI.
A cette heure en visite
Chez ma fille, impudence maudite !
### TERESA.
Tant d'audace ! il me rend interdite !
### FIERAMOSCA.
L'apparence est trompeuse.
### BALDUCCI.
Ah ! tais-toi !
L'apparence, âme impure !
### FIERAMOSCA.
Mais, messer Balducci, je vous jure...
### BALDUCCI.
C'est un fait... laissez là l'imposture.
### FIERAMOSCA.
Oh ! mon Dieu ! vous croyez que c'est moi ?
### BALDUCCI.
Oui vraiment je le crois !
### TERESA.
Oh ! le traître !
### FIERAMOSCA.
Eh bien ! non,
### BALDUCCI.
Et qui donc pourrait-ce être,
Effronté ?
### FIERAMOSCA.
Mais, parbleu, Cellini !
### TERESA.
Cellini !
### BALDUCCI.
Cellini !
### FIERAMOSCA.
Cellini !
### BALDUCCI.
C'est trop fort, tu te dis Cellini !
### FIERAMOSCA.
Mais non pas... je vous dis...
### BALDUCCI, *ouvrant la fenêtre.*
C'est fini !
A nous, voisines et servantes !
### TERESA, *par la fenêtre.*
Gaetana ! Barbarina !
### BALDUCCI.
Petronilla ! Catarina !
Scolastica ! Proserpina !
*BALDUCCI et TERESA, qui sort par la porte du fond pour appeler au secours.*
A nous, voisines et servantes !
### FIERAMOSCA.
Ecoutez-moi, cessez ce train !
### LES VOISINES, *au dehors.*
On s'assomme chez le voisin ;
Quel est ce bruit, pourquoi ce train ?
### BALDUCCI.
A mon secours, un libertin,
Un coureur de femmes galantes
Est chez ma fille ! entrez soudain,
Venez chasser ce libertin !
### FIERAMOSCA.
Je ne suis point un libertin,
Un coureur de femmes galantes.
*Balducci ouvrant la fenêtre et Teresa rentrant.*
Oui, maintenant gare à tes reins,
Tu vas tomber en bonnes mains.
### BALDUCCI.
Ce n'est que le bras féminin
Qui peut montrer le droit chemin
Aux gens de mœurs extravagantes,
Aux gens sans cœur, sans loi, ni frein.
### FIERAMOSCA, *épouvanté.*
Aux mains des femmes..... quel destin !
Suis-je Orphée en proie aux Bacchantes !

## SCÈNE VII.

LES PRÉCÉDENTS, LE CHŒUR DES VOISINES ET DES SERVANTES.

Le chœur entre successivement en trois groupes. Toutes les fois que Fieramosca se présente à la porte pour s'échapper, il en trouve un qui lui ferme le passage et qui le ramène sur le devant de la scène. Les voisines et les servantes ont à la main lanternes, lampes et gueux. Toutes à demi vêtues et les bras tendus comme des harpies.

LE CHOEUR.

Ah! maître drôle, ah! libertin!
On va t'apprendre, suborneur,
Les respects dus à notre honneur,
Tu vas prendre un bain!

BALDUCCI et TERESA.

Bien.

LE CHOEUR.

Entraînons-le dans le jardin,
Sous le jet d'eau du grand bassin!

ENSEMBLE.

Laissons-le jusqu'à demain
Dans le bassin,
Toute la nuit au bain;
Libertin,
Gueux sans frein!
Vieux coupable!
Misérable!

Tu vas prendre un bain.
*Elles le poursuivent.*
Ah! drôle, on t'attrapera bien...

TERESA et BALDUCCI.

Entraînez-le dans le jardin,
Oui, c'est très bien!
Au grand bassin,
Jusqu'à demain!
Suborneur, libertin,
Gueux sans frein,
Vieux coupable!
Misérable!
Tu vas prendre un bain.
Ah! traître..... on t'attrapera bien.

FIERAMOSCA.

Quoi! me traîner dans le jardin!
Jusqu'à demain
Sous le jet d'eau du grand bassin!
C'est un meurtre enfin.
Quelles mégères! quelle horreur!
Moi, sans frein? sans honneur?
Quelles mégères!..... de leurs mains
Comment tirer mes membres sains!
*Il court de tous côtés pour leur échapper.*
Où fuir leurs faces effrayantes,
Je suis Orphée... Orphée... au milieu des Bacchantes!
Quels monstres, ah! comment m'échapper de leurs mains!
*Il finit par s'ouvrir un passage et s'enfuit poursuivi par le chœur.*

---

# DEUXIÈME TABLEAU.

## MARDI GRAS.

---

## SCÈNE VIII.

Le théâtre représente la place Colonne à l'angle de la rue du Corso. Au fond, la Colonne Antonine et une fontaine. A droite, un théâtre de pasquinades. A gauche, une taverne.

CELLINI, BERNARDINO, FRANCESCO, OUVRIERS CISELEURS, AMIS ET ÉLÈVES DE CELLINI.

TOUS.

A boire, à boire, à boire!
Servez-nous vite à boire!
*On apporte du vin.*

BERNARDINO, *fredonnant.*

Chantons!

CELLINI.

Soit, mais pour Dieu, pas de chansons
à boire!
Pas d'ignoble refrain
Sentant la taverne et le vin.
Chantons, mais que nos chants soient un hymne
à la gloire
Des ciseleurs et de notre art divin.

## ACTE I, SCÈNE VIII.

*CHANT DES CISELEURS.*

LE CHOEUR.

La terre aux beaux jours se couronne
De gerbes, de fruits et de fleurs;
Mais l'homme dans ses flancs moissonne
En tous temps des trésors meilleurs.
Honneur aux maîtres ciseleurs!

Le jour, les diamants sommeillent,
Le soleil éteint leurs splendeurs;
Mais quand vient la nuit, ils s'éveillent
Avec les étoiles leurs sœurs,
Honneur aux maîtres ciseleurs!

Les métaux, ces fleurs souterraines
Aux impérissables couleurs,
Ne fleurissent qu'au front des reines,
Des papes et des empereurs.
Honneur aux maîtres ciseleurs!

   Quand le maître cisèle
   L'or comme un soleil luit,
   Le diamant ruisselle
   Comme un torrent qui fuit,
   Le rubis étincelle
   Comme un feu dans la nuit.

   Quand naquit la lumière,
   Le génie aux beaux-arts
   Divisa la matière;
   Il en fit quatre parts:
   L'architecte eut la pierre,
   Au peintre la couleur,
   Le marbre au statuaire,
   Mais l'or au ciseleur!

Les métaux ces fleurs souterraines, etc.

BERNARDINO.
Amis, avant qu'on recommence,
Je demande un peu de silence :
Pour mieux entonner le refrain,
Il nous faut des fiasques de vin.
LE CHOEUR.
A boire encor, du vin, du vin.

## SCÈNE IX.

LES PRÉCÉDENTS, UN CABARETIER.

LE CABARETIER, *la voix traînante.*
Que voulez-vous? la cave est vide.
CELLINI.
Que dis-tu là, cervelle aride?
LE CABARETIER.
Je dis que... vous avez trop bu;
Et si vous voulez encor boire,
Il faut...

LE CHOEUR, *impatienté.*
Il faut...
LE CABARETIER.
Il faut payer votre mémoire.
LE CHOEUR.
Montre-nous donc ce qui t'est dû?
LE CABARETIER, *prenant des mains d'un de ses garçons une longue perche marquée de nombreuses entailles, servant à désigner les bouteilles vendues.*
Voici, messieurs, le contenu
De cette liste exorbitante.
   Vin blanc d'Orvieto,
   Aleatico,
   Et Maraschino,
   Trente fiasques, trente.
CHOEUR.
Comment trente!
LE CABARETIER.
   Vin de Marsalla,
   Vin de Brienza,
   Et de Cosenza,
   Trente autres, soixante.
LE CHOEUR.
Soixante!
LE CABARETIER.
   Vin mousseux d'Asti,
   Vin de Lipari,
   Lacryma-Christi,
   Ce qui fait cent trente.
CHOEUR.
Cent trente!
Ah! consternation,
Abomination,
Qui tombent sur nos têtes;
CELLINI.
Non, jamais les trompettes
Du jugement dernier
Ne sauraient effrayer
Plus que la voix fatale...
CELLINI *et le* CHOEUR.
Et la liste infernale...
De ce... cabaretier.
CELLINI.
Comment sortir d'embarras...
LE CHOEUR *et* BERNARDINO *saisissant aux mains du cabaretier sa longue perche.*
              Maître,
Si nous rossions un peu ce traître.
*Le chœur lâche le cabaretier qui s'enfuit.*
CELLINI.
Mauvais moyen que celui-là;
Il vaut mieux attendre... peut-être
Ascanio nous délivrera.
LE CHOEUR.
Ascanio! vraiment le voilà!

## SCÈNE X.

LES PRÉCÉDENTS, ASCANIO *portant un sac d'argent.*

CHOEUR.
C'est le sauveur! viva!

CELLINI, *courant à son élève*
Viens, enfant, qu'on t'embrasse
Et qu'on te débarrasse
De ce fardeau pesant.

ASCANIO.
Un instant, un instant,
Le vin après la gloire.
Maître, que ta mémoire
Se réveille un moment.

AIR.
Cette somme t'est due
Par le pape Clément
Pour fondre la statue
Que l'Italie attend
De ton noble talent.
Or donc, je ne te laisse
Ce pesant sac d'argent
Que sur une promesse,
Un solennel serment,
Que demain ta statue,
Maître, sera fondue;
Il me faut ton serment.

CELLINI.
Soit, je le jure, enfant.

LE CHOEUR.
Nous le jurons, enfant.

TOUS, *d'un ton solennel, excepté Ascanio.*
Cette somme était due
Par le pape Clément
Pour fondre la statue
Que l'Italie attend

CELLINI *et le* CHOEUR.
De mon travail, enfant.
De son noble talent,

TOUS.
Or donc, si l'on nous laisse
Ce pesant sac d'argent,

CELLINI *et le* CHOEUR.
Je t'en fais la promesse,
Crois-en notre promesse,

CELLINI.
Je t'en fais le serment,

LE CHOEUR.
Nous t'en faisons serment,

CELLINI *et le* CHOEUR.
Sans délai, ma statue
la
Demain sera fondue
Comme ce sac d'argent.
Nous le jurons!

ASCANIO.
Mes amis, maintenant,
Ma conscience est nette:
Payez donc votre dette;
Mon argent, le voilà.

CELLINI.
Comment! rien que cela?

LE CHOEUR.
Ah! la chétive somme!

ASCANIO.
C'est un si vilain homme
Que ce vieux trésorier!

CELLINI, *appelant.*
N'importe... Sommelier!
*Contrefaisant la voix du cabaretier.*
J'acquite ton mémoire.

LE CABARETIER, *prenant l'argent.*
Merci, voulez-vous boire?

LE CHOEUR.
Oui-dà, du vin...

CELLINI.
Mes amis, plus de vin!
*Le cabaretier s'en va.*
Mais que notre vengeance
Frappe ce juif mesquin,
Qui dans son arrogance
Me traite en vrai faquin.

LE CHOEUR.
Oui, vengeance! vengeance!

## SCÈNE XI.

LES PRÉCÉDENTS, FIERAMOSCA, *au fond à gauche.*

CELLINI, *attirant le choeur à droite, pour ne pas être entendu des garçons du cabaret qui desservent les tables.*
Écoutez tout à l'heure.
Je sais que Balducci
Quittera sa demeure
Pour venir voir ici
Les belles pasquinades
De maître Cassandro.
Eh bien! chez Cassandro,
Nous-mêmes, camarades,
Dans de folles parades
Drapons le Giacomo.

LE CHOEUR.
Par Dieu! le rôle est beau.

CELLINI.
Anathème, anathème
Sur le visage blême

## ACTE I, SCÈNE XI.

Du seigneur Giacomo !
LE CHOEUR.
Anathème, anathème
Sur le visage blème
Du seigneur Giacomo !
Par Dieu ! le rôle est beau,
Faire rire tout Rome
D'un tel homme...
Vite, vite chez Cassandro.
TOUS, *avec enthousiasme.*
Les métaux, ces fleurs souterraines
Aux impérissables couleurs,
Ne fleurissent qu'au front des reines,
Des papes et des empereurs,
Honneur aux maîtres ciseleurs !

*Ils entrent en courant chez Cassandro.*

### SCÈNE XII.

FIERAMOSCA, *puis* POMPEO.

*Dans le fond des promeneurs circulent.*

FIERAMOSCA, *qui les a épiés de loin.*

C'est trop fort ! comploter à mon nez, sans pudeur,
Et je les laisserais faire !
Non pas... non pas...
POMPEO, *qui arrive par le fond.*
Eh bien, frère !
Qu'as-tu donc ?
FIERAMOSCA.
Ce que j'ai, j'étouffe de colère !
Cellini...
POMPEO, *tranquillement.*
Qu'a fait ce hableur ?
FIERAMOSCA, *le serrant dans ses bras.*
Ah ! Pompeo, mon ami, mon sauveur !
POMPEO.
Ah ! je sais... l'on m'a dit...
FIERAMOSCA.
Déjà...
POMPEO.
La chose est claire.
On t'a rossé, cher fils !
FIERAMOSCA.
Oui, mon cher Pompeo ;
Mais le pis est que Thérèse et son père
Viennent ce soir voir Cassandro.
POMPEO.
Eh bien ! quel mal ?
FIERAMOSCA.
Quel mal ! ils vont sur le tréteau,
Les traîtres, amuser le seigneur Giacomo
Pour lui donner le change ;

Et lorsque le canon, tiré du fort Saint-Ange,
Dans nos mains soufflera les Moccoli*, soudain
Un moine blanc, suivi d'un capucin,
Doit enlever Teresa, ma maîtresse.
POMPEO, *enthousiasmé.*
Ah ! bravo !
FIERAMOSCA.
Quoi ! bravo ?... ce moine est Cellini ?
Ce capucin, c'est son ami
Ascanio...
POMPEO.
Je vois bien... Bravo !... vive l'adresse !
FIERAMOSCA.
Que je m'expose ou non à quelque affront nouveau...
Moi je vais avertir le seigneur Giacomo,
Nous verrons s'il dira bravo !
POMPEO, *le retenant.*
Imbécile !
FIERAMOSCA.
Vraiment ?
POMPEO.
Misérable cerveau !
Puisque tu sais son stratagème,
Trompe le trompeur même,
Vole-lui son plan.
FIERAMOSCA.
Mais comment ?
POMPEO.
Viens le premier toi-même en moine blanc,
Et puis enlève...
FIERAMOSCA.
Oui, la chose est facile ;
Mais s'il me voit, le spadassin
Va me tomber dessus.
POMPEO.
Per Bacco ! sois tranquille !
Ne serais-je pas là moi-même en capucin ?
Je suis un ferrailleur s'il est un spadassin.
FIERAMOSCA, *réfléchissant.*
Allons, allons, c'est bien.

### AIR.

Ah ! qui pourrait me résister,
Suis-je pas né pour la bataille ?
Malheur à qui m'ose irriter !
Malheur surtout a qui me raille !
Le moulinet
Est bientôt fait,
En quarte, en tierce,
Toujours je perce.

* Moccoli, petites bougies que le mardi gras, à Rome, les masques portent et éteignent en se poursuivant, jusqu'au moment où le canon du fort Saint-Ange annonce la fin du carnaval.

Vive l'escrime! c'est mon fort.
Une, deux, trois; une, deux; une... mort!

O Teresa! pour toi mon âme
Brûle des feux les plus ardents;
C'est un volcan toujours en flamme,
Un Vésuve aux bonds effrayants.
Je t'aime tant que pour te plaire
J'irais, je crois, faire la guerre
A l'enfer, à ses habitants,
J'irais même jusqu'à combattre
Ce malandrin de Cellini.
Le malheureux!... cent comme lui
Ne pourraient pas encor m'abattre.

Non, rien ne peut me résister;
Suis-je pas né pour la bataille?
Malheur à qui m'ose irriter!
Malheur surtout à qui me raille!

 Le moulinet
 Est bientôt fait,
 En quarte, en tierce,
 Toujours je perce.
Vive l'escrime! c'est mon fort.
Une, deux, trois; une, deux; une... mort!
Sans pitié je perce son cœur,
 Je suis vainqueur!

POMPEO.
Viens, le temps passe.

FIERAMOSCA.
Cher Pompeo, que je t'embrasse!

POMPEO.
Prenons un froc et ne crains rien
Tout ira bien.
     *Ils sortent.*

## SCÈNE XIII.

TERESA, BALDUCCI, CELLINI, ASCANIO, FIERAMOSCA, POMPEO, LES ÉLÈVES DE CELLINI, LES BATELEURS, LES DANSEURS, PEUPLE; MASQUES ET SBIRES.

### FINAL.

Le théâtre de Cassandro s'anime; deux baladins sonnent de la trompette à chaque coin; deux autres au milieu déroulent une immense affiche où se lisent ces mots: *Le roi Midas ou les oreilles d'âne*, opéra-pantomime. Quelques masques et le peuple commencent à circuler sur la place.

*Entrent d'abord Balducci et Teresa par la coulisse de gauche.*

BALDUCCI, *donnant le bras à sa fille.*
Vous voyez, j'espère,
Que je suis bon père;
Moi, juge sévère
Des plus grands acteurs,

Je consens, ma chère,
A voir pour vous plaire
La force grossière
De ces bateleurs.
*Il quitte le bras de sa fille et va lire l'affiche de Cassandro.*

TERESA, *sur l'avant scène, à part.*
Ah! que vais-je faire?
Laisser mon vieux père
Seul à ses douleurs.
*Elle va rejoindre son père dans le fond.*

ASCANIO *et* CELLINI.
*L'un en pénitent blanc, l'autre en moine brun, arrivent par la coulisse de droite.*

Prudence et mystère,
Moine blanc
Capucin  mon frère,
Laissons d'abord faire
Nos chers bateleurs;
Puis à nous l'affaire.
Alors, cher beau-père,
Va chez le notaire,
Ne va pas ailleurs.
*Cellini et Ascanio ont traversé la scène de droite à gauche.*

*Teresa et son père redescendent à droite.*

### ENSEMBLE.

TERESA.
Ah! que vais-je faire?
Laisser mon vieux père
Seul, et dans les pleurs.
Mais bientôt, j'espère,
Viendra le notaire
Calmer ses douleurs.

BALDUCCI.
Vous voyez? j'espère,
Que je suis bon père;
Moi, juge sévère
Des plus grands acteurs,
Je consens, ma chère,
A voir pour vous plaire
La force grossière
De ces bateleurs.

ASCANIO *et* CELLINI.
Prudence et mystère,
Capucin
Moine blanc  mon frère,
Laissons d'abord faire
Nos chers bateleurs;
Puis à nous l'affaire.
Alors, cher beau-père,
Va chez le notaire,
Ne va pas ailleurs.
*Ils se perdent tous les quatre dans la foule.*

## ACTE I, SCENE XIII.

BOURGEOIS DE ROME.
De Cassandro la force est prête,
Il va jouer le roi Midas.
Amis, bourgeois, ne partez pas,
Nous sifflerons tous à tue-tête,
S'il ne nous fait rire aux éclats.

*Entrent des femmes et des jeunes garçons avec des cymbales et des tambours de basque à la main. Ils se disposent à danser.*

CHOEUR.
Venez, venez, peuple de Rome,
Applaudir le grand Cassandro!

CHOEUR DU PEUPLE, *sur la place et applaudissant les danseurs.*
Bravo! bravo! bravo! bravo!

LES BATELEURS.
Venez, venez, voir l'habile homme,
Il va monter sur son tréteau!

CHOEUR DU PEUPLE.
Bravo! bravo! bravo! bravo!

LES BATELEURS.
Venez, venez, peuple de Rome,
Applaudir le grand Cassandro!
Venez venez, voir l'habile homme,
Il va monter sur son tréteau!

LE PEUPLE.
Mais déjà la foule,
Que le plaisir suit,
Sur Rome déroule
La joie et le bruit.
Et l'amour, l'ivresse,
La danse et les jeux,
Chassent la tristesse
Des cœurs et des yeux.

LES BATELEURS.
Venez, peuple de Rome,
Applaudir Cassandro!

LE PEUPLE.
Sonnez, trompettes!
Sonnez, musettes!
Bravo! bravo!

LES BATELEURS.
Venez, venez voir l'habile homme,
Il va monter sur son tréteau!

LE PEUPLE.
Sonnez, trompettes!
Sonnez, musettes!
Gais tambourins!

LES BATELEURS.
Accourez, arlequins,
Médecins
Et pasquins!

LE PEUPLE.
Vive la joie!
Que l'on s'y noie
Jusqu'aux mentons.

LES BATELEURS.
Masques noirs, ventres ronds,
Venez voir les bouffons.

LE PEUPLE.
Le carnaval
Est un grand bal
Où, rois et gueux,
Tous sont heureux.

ENSEMBLE.

LES BATELEURS.
Venez, venez, peuple de Rome,
Applaudir le grand Cassandro!
Venez, venez voir l'habile homme,
Il va monter sur son tréteau!

LES HOMMES DU PEUPLE.
Allons, allons, peuple de Rome,
Applaudir le grand Cassandro.

LES FEMMES ET LES ENFANTS.
Bravo! bravo! bravo! bravo!

LES HOMMES DU PEUPLE.
Allons, allons voir l'habile homme,
Il va monter sur son tréteau.

LES FEMMES ET LES ENFANTS.
Bravo! bravo! bravo! bravo!

LES BATELEURS.
Sans nous la fête est incomplète,
Messieurs, ne vous éloignez pas;
Restez, restez, la farce est prête,
Elle est digne du mardi-gras.

LES DANSEURS *et* UNE PARTIE DU PEUPLE.
Maudit bavard, vieille trompette,
Tes quolibets n'amusent pas,
Sur le tréteau, crie et tempête,
Pour nous la danse a plus d'appas.

LES BATELEURS.
Accourez, venez voir les fameux bateleurs!
Ah! que le diable emporte avec lui les danseurs!

*Le spectacle commence. Le rideau, qui cachait le fond du théâtre de Cassandro, se tire et laisse voir les acteurs. Sur un riche fauteuil est assis un personnage semblable, de figure et de costume, à Balducci. A ses côtés sont deux Suisses de la garde du pape; l'un porte un sac d'argent et l'autre une lyre et une couronne de laurier. Le peuple s'assemble devant le théâtre. Balducci et sa fille louent un banc pour mieux voir la parade.*

LE PEUPLE.
Silence! silence! silence!
Assez dansé! chut! Cassandro commence.

LES FEMMES.
Cassandro commence,
Allons, allons! faisons silence.

LE PEUPLE.
Oh! le plaisant visage!... ah! bravo! c'est bien lui,
Le trésorier, le seigneur Balducci.

## BENVENUTO CELLINI,

BALDUCCI.
Ah! c'est ainsi!
Me mettre en scène,
Moi, Balducci?
TERESA.
Partons d'ici.
BALDUCCI.
Non, non, merci.
Pour voir ceci
Puisqu'on m'amène,
Je verrai tout
Jusqu'au bout!
Je veux au pape
Dire ce soir
Comme on nous drape,
Et comme on sape
Notre pouvoir.
LE PEUPLE.
Paix donc là-bas!
On n'entend pas!

CELLINI, *reparaissant avec Ascanio, sur le devant de la scène, à gauche.*
Vois-tu Thérèse?
ASCANIO.
Elle est là-bas.

FIERAMOSCA, *en moine blanc, arrivant à droite, avec Pompeo en moine brun.*
Vois-tu Thérèse?
POMPEO.
Elle est là-bas.
TERESA.
Ah! quel malaise!
Quel embarras!
LE PEUPLE.
On n'entend pas.
La pantomime! paix là-bas!
BALDUCCI.
Que je me taise?
Je ne veux pas.
LES HOMMES DU PEUPLE.
Paix! paix!
LES FEMMES.
Paix donc, là-bas!
Faites silence!
Chut! on commence,
Faites silence!

Colombine vient annoncer que deux fameux chanteurs, Arlequin et Polichinelle, vont se présenter devant leur juge et disputer la palme du chant. Le faux trésorier ordonne qu'ils paraissent.
Arlequin s'avance d'abord une lyre à la main, puis se montre Polichinelle, coiffé d'une paire d'oreilles d'âne.

UNE PARTIE DU PEUPLE.
Voici maître arlequin,
Premier ténor romain!

UNE AUTRE PARTIE DU PEUPLE.
Pulcinella! c'est un chanteur de la Toscane,
Mais est-ce un homme ou bien un âne?
LES FEMMES SEULES.
Chut! on commence,
Faisons silence,
Faisons silence;
Regardons bien,
Maître arlequin.
Faisons silence,
Faisons silence.
LES HOMMES, *impatientés et s'adressant aux femmes.*
Paix donc!
LES FEMMES, *continuant plus bas.*
Regardons bien,
Faisons silence,
Faisons silence.

Arlequin s'accompagnant de la lyre chante une ariette d'un caractère doux et tendre. Pendant cette romance le peuple continue de parler, et le faux trésorier bâille et s'endort sur son trône.

### ENSEMBLE.

LES HOMMES DU PEUPLE.
Bien, bien, bien;
C'est très bien,
Paix donc.....
LES FEMMES.
Regardons bien
Maître arlequin;
C'est un fameux ténor romain,
Regardons bien,
Regardons bien.
TOUS.
Ah! bravo, comme il chante! ah! quel gosier divin!
Comme il déroule
Son chapelet;
Comme il roucoule,
Pour un muet.

Polichinelle chante à son tour en s'accompagnant de la grosse caisse. Pendant ce morceau lourd et trivial le peuple observe le plus profond silence, et le faux trésorier ravi se pâme d'aise et bat la mesure à contre-temps.

QUELQUES HOMMES DU PEUPLE *montrent le faux trésorier*
Il plaît fort au vieil homme;
Vois donc comme
Il se tord!
BALDUCCI.
C'est trop fort!
AUTRE PARTIE DU CHOEUR.
Vois donc le vieux, grand Dieu! felicita!
Ah! ah! quel butor, ah! ah!

Lorsque Polichinelle a fini de chanter Arlequin se présente pour recevoir le prix du chant. Le faux tréso-

## ACTE I, SCENE XIII.

rier, avec un geste de mépris, le repousse. Polichinelle arrive à son tour; le juge enthousiasmé lui pose sur la tête une couronne de laurier.

LE PEUPLE.
Soyez surpris
S'il a le prix,
Son juge a des oreilles
Toute pareilles.

BALDUCCI.
Marauds!

TERESA.
Chut! vos cris
Redoublent les ris.

Arlequin mécontent, prend sa batte et rosse son rival et le distributeur des grâces. Colombine en vain s'y oppose.

LE PEUPLE.
Bravo!

BALDUCCI.
Marauds, lever la main sur moi!

LE PEUPLE.
Midas!

TERESA.
Mon père!

BALDUCCI, furieux il s'élance, armé de sa canne, sur le théâtre de Cassandro.
Attends, c'est fait de toi!

LE PEUPLE.
Après la comédie
Voici la tragédie;
Vive le carnaval!
L'original
Auprès de la copie:
Nous allons voir quel est
De vous deux le plus laid.

Tous les spectateurs s'avancent vivement vers le fond de la scène comme pour voir le résultat de la lutte engagée entre Balducci et les bateleurs. Cri général. A ce moment la nuit tombe. Les moccoli apparaissent. La rue et la place s'illuminent à la clarté d'une foule de petites bougies portées par les masques, qui les soufflent et les rallument en se poursuivant.

FIERAMOSCA, à POMPEO, sur le devant de la scène.
Viens pas à pas,
Fendons la presse,
Offrons le bras
A ma maîtresse.

CELLINI à ASCANIO, sur le devant de la scène.
Viens pas à pas,
Fendons la presse,
Offrons le bras
A ma maîtresse.

TERESA, sur le devant de la scène au milieu, et dans la surprise.
Un moine blanc... c'est Cellini!
Que vois-je? un autre ici!
Deux capucins...

FIERAMOSCA, d'un côté.
C'est moi!

CELLINI, de l'autre.
C'est moi!

TERESA.
Dieu! lequel est-ce?

LE CHOEUR.
Moccoli!

FIERAMOSCA et CELLINI.
Prenez mon bras...

LE CHOEUR DES MASQUES, se poursuivant.
Moccolo, Moccoli!
A mort les Moccoli!

CELLINI.
Quoi! par l'enfer et mon patron,
Un autre moine... ah! trahison!

POMPEO, à Fieramosca.
Va, ne crains rien, marche quand même.

FIERAMOSCA.
Ah! maudit froc, sot stratagème!

ASCANIO.
Vengeons-nous de la trahison.

POMPEO.
Va, ne crains rien, tiens bon, tiens bon.

CELLINI, tirant son épée.
Qui que tu sois, homme ou démon,
C'est fait de toi!

FIERAMOSCA.
Pompée! à moi...
Vite en avant.

ASCANIO, courant après Fieramosca.
Attends, toi qui prends le devant?

TERESA.
Ciel! au secours! qu'on les arrête!

LE PEUPLE, les retenant.
Êtes-vous fous un jour de fête?
Vous avez donc perdu la tête?

CELLINI, se dégageant.
Non, je n'ai pas perdu la tête,
Non.

FIERAMOSCA, reculant devant l'épée d'Ascanio.
A mon secours!

POMPEO, combattant.
Tiens bon!

CELLINI, pressant plus vivement Pompeo.
Non, non,
Je n'ai pas perdu la tête...

FIERAMOSCA, se sauvant, poursuivi par Ascanio.
A mon secours...

CELLINI, perçant Pompeo.
Non!.. non!...

2

POMPEO, *tombant.*
Ah! je suis mort!
Tous les porteurs de moccoli s'arrêtent et se groupent autour de Pompeo, étendu par terre.

LE PEUPLE.
Un homme mort! vite à la garde... Un mort!

BALDUCCI, *revenant sur le devant de la scène à droite, sans canne et les habits en désordre.*
Un meurtrier... ma fille... un mort!

FIERAMOSCA, *reparaissant à gauche, toujours poursuivi par Ascanio.*
A mon secours... Pomp... mort!

LE PEUPLE, *montrant Cellini.*
Oui, c'est ce moine... oui... qu'on l'arrête,
Son arme brille et fume encor.
Des sbires arrêtent Cellini.

CELLINI.
Je suis perdu!

FIERAMOSCA.
Je suis sauvé!

ASCANIO.
Mon pauvre maître!

FRANCESCO, BERNARDINO.
Le maître est pris!

FIERAMOSCA.
On tient le traître!

BALDUCCI, FRANCESCO *et* LES BATELEURS.
Maudite nuit!

CELLINI *et* TERESA.
Cruel destin!

LES FEMMES DU PEUPLE.
Un si bel homme!

LES HOMMES DU PEUPLE.
Ah! quel coquin!
Les élèves et amis de Cellini feignent de partager l'indignation générale.

FRANCESCO, BERNARDINO, BALDUCCI, FIERAMOSCA, *et* LE PEUPLE.
Assassiner un capucin!...
Un camaldule, ah! c'est infâme!
C'est un brigand de l'Apennin;
C'était l'amant de quelque femme;
Soldats, gardez bien l'assassin!

ENSEMBLE.

LE CHOEUR.
C'est un brigand de l'Apennin;
C'était l'amant de quelque femme;
Ah! c'est infâme!
C'est la vendetta, c'est certain.

TERESA.
Ah! malheureux! c'est infâme!
Le traiter comme un assassin.

CELLINI.
Terrible nuit, cruel destin!

Ah! c'est infâme!
Me traiter comme un assassin.

ASCANIO.
Ah! mon cher maître! c'est infâme!
Le traiter comme un assassin.

Tout à coup le canon du fort Saint-Ange tonne; à ce signal, toutes les lumières portées par les masques s'éteignent subitement, et une obscurité profonde envahit la place.

CELLINI.
A moi, mes amis,
A moi, je suis pris!
Les amis de Cellini profitent de la nuit pour s'élancer sur les gardes. Leur mouvement soudain met la confusion dans le peuple. Cellini se dégage et se sauve.

LE PEUPLE.
On n'y voit pas!

BALDUCCI, FIERAMOSCA *et* UNE PARTIE DU CHOEUR.
Gardes, tenez-vous l'homme?

LE PEUPLE.
A nous, soldats!

LES SBIRES.
A nous, bourgeois de Rome!

TERESA *et* ASCANIO.
Ciel! il s'est enfui.

FIERAMOSCA *et* BALDUCCI.
Maudit canon! le drôle était saisi.

ENSEMBLE.

BALDUCCI, FIERAMOSCA *et* LE PEUPLE.
Maudit canon du fort Saint-Ange,
Pour que la langue te démange,
Par Dieu! l'instant est bien choisi;
Sans toi le drôle était saisi.

TERESA, ASCANIO, FRANCESCO, BERNARDINO *et* LES ÉLÈVES DE CELLINI.
Ah! cher canon du fort Saint-Ange,
Pour que le jour en nuit se change,
Merci! l'instant est bien choisi;
Car les soldats l'avaient saisi.

BALDUCCI, *cherchant sa fille.*
Thérèse, à moi...

TERESA.
Mon père!

ASCANIO, *reconnaissant Teresa.*
Ah! chut! prenez mon bras.
Venez, je vais guider vos pas.
Ascanio donne son bras à Teresa et l'emmène en cherchant à éviter Fieramosca et Balducci.

ENSEMBLE.

LE PEUPLE *et* LES AMIS DE CELLINI.
Au meurtre! ah! Dieu! l'on nous assomme!
A l'aide! au meurtre! quel fracas!
Maudit canon! on tenait l'homme!

## ACTE I, SCÈNE XIII.

La foule augmente! on n'y voit pas!
Le brigand s'enfuit! quel fracas!
On ne l'atteindra pas.
BALDUCCI.
Teresa! Teresa! ma fille! quel fracas!
Je n'y vois pas.
FIERAMOSCA.
Maudit canon!
Ah! trahison!
A l'aide! au meurtre! ah! quel fracas!
Ah! le brigand s'échappe... on n'y voit pas!
BALDUCCI, *se heurtant contre Fieramosca.*
Le moine blanc!
FIERAMOSCA.
Quoi!
BALDUCCI, *criant.*
Je tiens l'homme.
FIERAMOSCA.
Êtes-vous...
LES SBIRES.
Bien, bien... nous voici.
FIERAMOSCA.
Êtes-vous fous?...
BALDUCCI.
Gardez-le bien.
LES SBIRES.
Merci.
BALDUCCI.
Teresa!
LE PEUPLE.
Le gueux, c'est lui!
LES ÉLÈVES DE CELLINI.
Bon, c'est Fieramosca!
FIERAMOSCA.
Je ne suis pas...
LE PEUPLE *et* LES SBIRES.
Si... si...
Vite, marchons...
FIERAMOSCA.
Vous me prenez pour...
LES SBIRES *et* LE PEUPLE.
L'homme...
Oui! oui! c'est bon...

FIERAMOSCA.
Mais je me nomme
Fieramosca, vous dis-je.
LES SBIRES.
En prison, l'assassin!
BALDUCCI, *appelant toujours.*
Thérèse!...
VOIX DIVERSES, *partant de tous les coins de la place.*
Il est pris, l'assassin!

### ENSEMBLE.

*Une partie du* PEUPLE *et* FRANCESCO.
Ah! meurtrier, lâche assassin,
Nous te tenons, nous saurons bien
Te faire pendre
A la potence, vaurien!
*Une autre partie du* PEUPLE, BERNARDINO *et* BALDUCCI.
Assassiner un capucin!
Mais quel coquin!
Nous saurons bien
Te faire pendre
A la potence, vaurien!
FIERAMOSCA.
M'emprisonner comme un païen,
Un assassin!
Moi... moi... Fieramosca... me pendre
Je suis bon citoyen.
TOUS.
Ah! Dieu! de l'air! j'étouffe! faites place!
De grâce!
Nous n'en sortirons pas.
BALDUCCI, *appelant toujours sa fille.*
Ma fille! Teresa!... je ne l'aperçois pas.
FIERAMOSCA, *faisant des efforts pour dégager son cou de la main des sbires.*
Ah! Dieu! j'étouffe, ah! ne m'étranglez pas!
TOUS.
O Dieu! la foule augmente!
Quelle tourmente!
Nous n'en sortirons pas!
Ah! quel chaos, quel embarras!
Ah! quel fracas!

**FIN DU PREMIER ACTE.**

# ACTE DEUXIÈME.

## TROISIÈME TABLEAU.

### MERCREDI DES CENDRES.

L'atelier de sculpture de Cellini. Au fond, une large fenêtre donnant sur la rue. A droite, au fond, une porte. A gauche, le modèle en plâtre de la statue colossale de Persée. Auprès un marche-pied, et à terre un marteau et quelques instruments de travail. Il est petit jour.

### SCÈNE I.

TERESA, ASCANIO *sur le pas de la porte entr'ouverte.*

TERESA.
Ah! qu'est-il devenu? Jésus! où peut-il être?
ASCANIO, *refermant la porte.*
Il ne peut tarder à paraître,
Teresa, n'ayez point d'effroi.
TERESA.
Il est pris! il est pris, ou mort, je vous le jure!
ASCANIO.
Ni l'un ni l'autre, croyez-moi;
Mon maître n'est pas homme à servir de pâture
Aux estafiers du pape, aux sbires de la loi.
TERESA.
Mais qui peut l'arrêter?
CHOEUR DE MOINES BLANCS, *en dehors.*
*Vas spirituale, Maria, sancta Mater, ora pro nobis.*
ASCANIO.
Silence... écoutez?
*Il court à la fenêtre.*
TERESA.
Qu'est-ce!
Il vient?...
ASCANIO, *quittant la fenêtre.*
Hélas! ce bruit, qui monte avec tristesse
Vers la voûte des cieux,
N'est que la voix des confréries
Qui vont, chantant des litanies,
Accomplir ici près quelque devoir pieux.
LE CHOEUR, *moins éloigné.*
*Vas honorabile, Maria, sancta Mater, ora pro nobis.*
TERESA.
Quelle angoisse!
ASCANIO.
Espérons!
TERESA.
Prions!

ENSEMBLE.
Prions!

### PRIÈRE A DEUX VOIX ET CHOEUR.

LE CHOEUR, *un peu plus rapproché.*
*Rosa purpurea, Maria, sancta Mater, ora pro nobis.*
TERESA, *à genoux, et* ASCANIO, *debout à côté d'elle.*
Sainte Vierge Marie,
Etoile du matin,
LE CHOEUR, *plus près.*
*Turris Davidica, Maria, sancta Mater, ora pro nobis.*
TERESA et ASCANIO.
Que ta lueur chérie
Verse un rayon divin
LE CHOEUR, *plus près.*
*Turris eburnea, Maria, sancta Mater, ora pro nobis.*
TERESA et ASCANIO.
Verse un rayon divin
Sur mon sombre destin.
Sur son triste
LE CHOEUR, *qui commence à passer devant la fenêtre.*
*Stella matutina, Maria, sancta Mater, ora pro nobis.*
TERESA et ASCANIO.
Sainte Vierge Marie,
Etoile du matin,
LE CHOEUR, *continuant à défiler jusqu'à la fin de la scène.*
*Turris eburnea, Maria, sancta Mater, ora pro nobis.*
TERESA et ASCANIO.
Ramène, je t'en prie,
Ramène mon amant.
un tendre
LE CHOEUR.
*Vas honorabile, Maria, sancta Mater, ora pro nobis.*
TERESA et ASCANIO.
Ramène mon amant.
un tendre
Près de mon cœur souffrant,
Auprès d'un

## ACTE II, SCENE I.

LE CHOEUR.
*Rosa purpurea, Maria, sancta Mater, ora pro nobis.*

TERESA *et* ASCANIO.
Oh ! conduis mon amant
Oh ! ramène un
Près de mon cœur souffrant !
Auprès d'un

LE CHOEUR.
*Stella matutina, Maria, sancta Mater, ora pro nobis.*

### SCÈNE II.

LES PRÉCÉDENTS, CELLINI.

Il entre précipitamment. Il est encore vêtu en moine blanc; sa robe est ensanglantée.

CELLINI.
Teresa !

TERESA.
Cellini !

ASCANIO.
Cellini !

CELLINI.
Oui, mes enfants, près de vous me voici.

TERESA.
Ah ! le ciel soit béni !
Vous n'êtes point blessé, j'espère ?

CELLINI.
Non, Dieu merci ! rassurez-vous, ma chère;
Je n'ai rien eu qu'un peu de peur.
Il m'a fallu tout mon bonheur
Pour me tirer d'affaire. Ah ! c'est une merveille !

TERESA *et* ASCANIO.
Comment !

CELLINI.
Oui, prêtez-moi l'oreille,
Et vous en conviendrez, la chose est sans pareille.
Ma dague en main, protégé par la nuit,
Devant mes pas je disperse la foule ;
De tout côté, sous mes coups, à grand bruit,
Le mur vivant qui m'enfermait s'écroule ,
Et je peux fuir, je fuis... mais on me suit !
Les cris de mort de cette populace,
Cet habit blanc qui les met sur ma trace,
Tout dans ma course et m'arrête et me glace !
Une seconde encore, ô désespoir !
Et je touche à ma perte !
Mais une porte est restée entr'ouverte,
Je m'y blottis. Ils n'ont pas pu me voir :
Je la referme ! Ils ont perdu ma piste...
Oh ! béni soit mon patron qui m'assiste,
Et toi, Thérèse, une pensée à toi !
Tout haletant de fatigue et d'émoi ,
Le cœur me manque et le sol fuit sous moi !

TERESA.
Juste ciel ! achève, l'effroi
Même à ton côté me dévore !

CELLINI.
Quand je repris l'usage de mes sens,
Les toits luisaient aux blancheurs de l'aurore,
Les coqs chantaient, et le bruit des passants
Retentissait sur le pavé sonore.
Comment rentrer chez moi sans être vu,
Sans que ma robe aux sbires me trahisse ?
Des moines blancs , ô bonheur imprévu !
Passent par là se rendant à l'office.
Vêtu comme eux, dans leurs rangs je me glisse
A tout hasard... mon étoile propice
Par ce chemin les conduit, Dieu merci !
Et, mieux encor, je te retrouve ici.

TERESA , *très émue.*
Ah ! que jamais Dieu ne nous désunisse !

ASCANIO.
Mais n'est-il plus de dangers à courir ?

CELLINI.
La mort est sur moi suspendue !...
Mes amis, il faut nous enfuir.

TERESA.
Nous enfuir ?...

CELLINI.
Sur-le-champ.

ASCANIO , *avec consternation.*
Mais , maître, ta statue !...

CELLINI.
Au diable ma statue , et le pape, et la loi !...
Je ne pense aujourd'hui qu'à partir au plus vite
*A Teresa.*
Avec toi, chère enfant. Ascagne, pour sa fuite
Va chercher un cheval.

ASCANIO.
Maître , comptez sur moi,
Je reviens tout de suite.
Il sort par la coulisse de droite.

### SCÈNE III.

TERESA, CELLINI.

TERESA.
Ah ! le ciel , cher époux,
Se déclare pour nous !
Puisqu'après cette épreuve
Il nous a réunis ,
N'est-ce pas ? c'est la preuve
Que nos vœux sont bénis.
Cette nuit , que d'alarmes !
Mais la nuit cède au jour ;
Le jour sèche les larmes ,
Et voici de retour
Le bonheur et l'amour.

CELLINI.
Oui, ma belle, en ce jour,
Ne songeons qu'à l'amour.
O ma jeune maîtresse !
Hâtons-nous de jouir
De la paix que nous laisse
Le temps prompt à s'enfuir.
Le passé n'est qu'une ombre ;
Ne donnons rien au sort,
L'avenir est trop sombre ;
Sachons vivre d'abord,
Et puis vienne la mort !

TERESA.
Ah ! vite, vite !
Hâtons-nous ! quitte
Ce vêtement
Taché de sang !

CELLINI, *se dépouillant de sa robe de moine qu'il dépose sur un siége à droite.*
Oui, le temps passe !
Jetons cela ;
Mais à sa place,
Va prendre là
Cette cuirasse !

TERESA.
Tiens, la voilà !
Choisis l'épée
La mieux trempée,
Un bouclier !...

CELLINI.
Que de courage,
Mon gentil page,
Mon écuyer !

*ENSEMBLE.*

TERESA.
Ah ! le ciel, cher époux,
Se déclare pour nous,
Puisqu'après cette épreuve
Il nous a réunis ;
N'est-ce pas ? c'est la preuve
Que nos vœux sont bénis.
Il est pour nous, que rien ne nous sépare ;
Oui, du ciel tous nos vœux sont bénis,
Il est pour nous, il se déclare !

CELLINI.
Oui, le ciel est pour nous ;
Puisqu'après cette épreuve
Il nous a réunis,
Oui c'est bien la preuve
Que nos vœux sont bénis.
Il est pour nous, que rien ne nous sépare,
Oui, du ciel tous nos vœux sont bénis,
Il est pour nous, il se déclare !
*Avec enthousiasme.*
Quand des hauteurs de la montagne,
L'aigle inquiet,
Entend la voix de sa compagne
Prise au filet,
Il jette aux vents son cri de guerre,
Fond sur les rêts,
Et fuit avec la prisonnière,
Loin des forêts !
En vain le plomb, en vain la poudre
Sifflent dans l'air,
Son aile va devant la foudre
Comme l'éclair !
Gagnons Florence ; dans son aire
L'aigle toscan
Brave et dédaigne le tonnerre
Du Vatican !

## SCÈNE IV.

LES PRÉCÉDENTS, ASCANIO *accourant.*

ASCANIO.
Ah ! maître !... mon cher maître !...

CELLINI.
Qu'est-ce ?

ASCANIO.
Le trésorier avec Fieramosca !...
Je les ai vus par la fenêtre !...

TERESA.
Mon père !

CELLINI.
Ne crains rien.

ASCANIO.
Ah ! mon Dieu ! les voilà !
*Cellini s'empresse de cacher Teresa derrière la statue de Persée.*

## SCÈNE V.

TERESA, ASCANIO, CELLINI, BALDUCCI, FIERAMOSCA, *qui en voyant Cellini reculé vers la porte.*

*SEXTUOR.*

BALDUCCI, *sa canne à la main.*
Ah ! je te trouve enfin,
Coureur de grand chemin,
Ravisseur, spadassin,
Misérable assassin !

CELLINI.
Eh ! maître Giacomo, pourquoi cette colère,
Et tant de bruit chez moi ?

BALDUCCI.
Hypocrite ! rends-moi ma fille ! elle est chez toi !
Rends-la-moi !
Ou ce bâton...
*Levant sa canne sur Cellini.*

## ACTE II, SCENE V.

CELLINI.
Malheureux!
TERESA, se découvrant.
Ah! mon père!
Je tombe à vos genoux!
BALDUCCI.
Te voilà donc, vipère!
C'est fort bien honorer ta mère!
Fuir du logis pour suivre un spadassin!
Qui t'aurait cru l'âme si noire?
TERESA.
Ah! mon père, daignez me croire...
CELLINI.
Votre fille jamais n'eut un pareil dessein :
Je suis le seul coupable.
BALDUCCI.
A d'autres tes sornettes,
Ravisseur de filles honnêtes!
Je sais... ce que je sais... et vous, à la maison!...
Vite, qu'on tourne le talon!
CELLINI, se mettant entre eux.
Arrêtez! j'aime votre fille!
BALDUCCI.
Eh! que m'importe à moi l'amour d'un tel faquin?
CELLINI.
J'en suis aimé!
BALDUCCI.
Tant pis!
CELLINI.
L'honneur d'une famille...
BALDUCCI.
Veut qu'à l'instant elle quitte un coquin.
CELLINI.
Vous abusez!...
TERESA.
Mon père!
BALDUCCI.
Çà!
Que l'on me suive, allons!
TERESA.
Cellini!
CELLINI.
Teresa!
BALDUCCI, désespérant de les séparer.
A moi, Fieramosca!... mon gendre!...
Voici ta femme!... emmène-la!
ASCANIO, TERESA, CELLINI, FIERAMOSCA.
Grand Dieu! que viens-je d'entendre?
FIERAMOSCA, timidement.
S'avançant vers Teresa.
Ma femme!... allons... pressons le pas!...
CELLINI.
Maraud, si tu touches son bras!...

BALDUCCI, à Fieramosca.
Allons, va donc, mon gendre!
FIERAMOSCA, reculant.
Moi! faire une esclandre!
CELLINI.
Maraud! si tu fais un pas,
En enfer je te fais descendre!

ENSEMBLE.

TERESA, à Cellini.
Modérez-vous!
ASCANIO.
Quel gendre!
FIERAMOSCA.
Moi! faire une esclandre!
BALDUCCI.
Va donc, mon gendre!

## SCÈNE VI.

ASCANIO, TERESA, CELLINI, LE CARDINAL, FIERAMOSCA, BALDUCCI, SUITE DU CARDINAL.

TOUS.
Le cardinal! de la prudence!
Vite à genoux! paix et silence!
Vite à genoux!
Ils s'agenouillent.
LE CARDINAL, d'un ton paternel.
A tous péchés pleine indulgence,
O mes enfants, relevez-vous!
De tous les droits de la puissance,
La pitié sainte et la clémence
A notre cœur sont les plus doux.
Pour vos péchés pleine indulgence,
O mes enfants, relevez-vous!
FIERAMOSCA et BALDUCCI.
Justice à nous, seigneur et maître!
A vos pieds saints nous venons mettre
Notre supplique... oh! vengez-nous!
LE CARDINAL.
Justice! eh! mais, que voulez-vous?
Mes chers amis relevez-vous!
BALDUCCI.
Un infâme a ravi ma fille,
Terni l'honneur de ma famille!
FIERAMOSCA.
Le poignard d'un lâche ennemi
A terrassé Pompeo, mon ami!
LE CARDINAL.
Et le coupable en tout ceci?
BALDUCCI et FIERAMOSCA.
O monseigneur! il est ici;
C'est Cellini!
TOUS.
Cellini!

BALDUCCI.
Voici ma fille et le coupable!
FIERAMOSCA, *montrant la robe sanglante que Cellini vient de quitter.*
Voici le sang et le coupable.
ASCANIO *et* TERESA.
Non, Cellini n'est pas coupable!
LE CARDINAL.
Cellini le coupable!...
Un meurtre avec enlèvement!
En vérité, c'est effroyable!
*A Cellini.*
Tu feras donc toujours le diable,
Incorrigible garnement?
CELLINI.
Non, non, je ne suis pas coupable;
Daignez m'entendre un seul moment.
LE CARDINAL, *impatienté.*
Et ma statue, et ma statue,
Dis-moi, qu'est-elle devenue?
CELLINI.
Elle n'est pas encor fondue.
LE CARDINAL.
Depuis le temps, quoi! pas encor?
TOUS.
Elle n'est pas fondue encor!
LE CARDINAL.
A quoi donc t'a servi mon or?
A flétrir le cœur d'un vieux père,
Percer les gens de ta rapière,
Et puis passer la nuit entière
Au cabaret, à boire frais?
BALDUCCI *et* FIERAMOSCA.
C'est vrai!
CELLINI, TERESA, ASCANIO.
Non! non!
BALDUCCI *et* FIERAMOSCA.
Taisez-vous!
LE CARDINAL.
Paix!
Vraiment, je suis bien débonnaire!
*A Cellini.*
Un autre aura décidément
Le soin de fondre ta statue.
TERESA, ASCANIO, BALDUCCI, FIERAMOSCA.
Un autre fondre sa statue!
CELLINI.
Un autre fondre ma statue!...
Dieu!... Sur ma tête en ce moment
La foudre est-elle descendue?
Juste Ciel! vous verrez sous mon bras
Moule et statue
Voler en éclats,
Avant qu'une main vulgaire...

TERESA *et* ASCANIO.
Grand Dieu! que va-t-il faire?
FIERAMOSCA, BALDUCCI *et* LE CARDINAL.
Téméraire!
Devant ton prince n'es-tu pas?
CELLINI, *exaspéré.*
Oui, que la Vierge me pardonne,
Et le Saint-Père et ma patronne!
Mais nul artiste autre que moi,
Fût-il Michel-Ange, ma foi!
Ne mettra ma statue en fonte.
Plutôt la mort que cette honte!
LE CARDINAL.
Ah! c'est ce que nous allons voir! Holà!
Gardes, qu'on m'obéisse!
De cet homme qu'on se saisisse!
*Sur l'ordre du cardinal, une partie des gardes qui stationnaient à la porte s'avance; mais Cellini, un marteau à la main, s'est élancé sur le marchepied adossé au modèle de sa statue.*
CELLINI.
Ce plâtre entier disparaîtra,
Pas un morceau ne restera
Avant que l'un d'eux me saisisse.
*Il lève le marteau pour briser sa statue.*
LE CARDINAL.
Arrête! arrête! enfant maudit!
*ENSEMBLE.*
TERESA *et* ASCANIO.
Ah! qu'a-t-il fait et qu'a-t-il dit?
Oser braver le prince en face!
BALDUCCI *et* FIERAMOSCA.
Quel scélérat et quel bandit!
Oser braver le prince en face!
LE CARDINAL *et* BALDUCCI.
Quelle audace!
LE CARDINAL.
Ah! çà, démon!
Noire cervelle!
Pour te calmer que faut-il donc,
Esprit rebelle?
CELLINI.
De mes fautes l'entier pardon.
LE CARDINAL.
Tu l'auras sans confession.
ASCANIO, TERESA, BALDUCCI, FIERAMOSCA.
Il l'aura sans confession!
LE CARDINAL.
Je l'ai dit, il aura pleine absolution.
CELLINI.
Ce n'est pas tout! Je veux encore
Celle qui m'aime et que j'adore.
LE CARDINAL.
Tu veux ta grâce et Teresa?
BALDUCCI *et* FIERAMOSCA.
O monseigneur, arrêtez là!

## ACTE II, SCENE VI.

CELLINI.
Et puis je veux, outre cela,
Le temps de fondre ma statue.
LE CARDINAL.
Quoi! tout celà?
CELLINI.
Rien que cela.
TOUS.
Rien que cela!

*ENSEMBLE.*

LE CARDINAL.
Le démon me tient en laisse;
Il sait pour l'art tout mon amour.
L'insolent rit tout bas de ma faiblesse;
Mais avant peu j'aurai mon tour.
BALDUCCI.
Le démon le tient en laisse;
Il sait pour l'art tout son amour.
Il rit de sa faiblesse;
Mais nous rirons à notre tour.
FIERAMOSCA.
Le démon rit de sa faiblesse,
Mais nous rirons à notre tour.
TERESA.
Funeste jour!
Dieu! prends pitié de mon amour!
ASCANIO.
O noble hardiesse!
O le bon tour!
CELLINI.
Je le tiens! ah! j'aurai mon tour;
Je sais pour l'art tout son amour.
LE CARDINAL, *à Cellini*
Pour ton travail quel temps faut-il?
CELLINI.
S'il plaît à Dieu,
Cette journée encor m'est nécessaire.
LE CARDINAL.
Te suffit-elle?
CELLINI.
Oui, j'espère:
Depuis longtemps la fournaise est en feu.
LE CARDINAL, *faisant signe aux gardes de se retirer.*
Soit, j'y consens!...
*A ce mot, Cellini dépose son marteau et se rapproche du cardinal.*
Mais, maître drôle,
Souviens-toi bien de ma parole:
Moi-même, à l'atelier, ce soir,
Expressément je viendrai voir
Comment ton œuvre sera faite.
Or, si la fonte n'a pas lieu,
A la justice, de par Dieu!
Je livrerai ta tête.

Si Persée enfin n'est fondu
Dès ce soir tu seras pendu.
TERESA.
Pendu!
ASCANIO.
Pendu!
FIERAMOSCA.
Pendu!
BALDUCCI.
Pendu!
LE CARDINAL.
C'est, je le crois, bien entendu.
BALDUCCI.
Mais, monseigneur, s'il fait en sorte
De finir en temps voulu,
Et Thérèse...
LE CARDINAL.
Eh! que m'importe
Thérèse à moi?.. c'est entendu:
A l'instant il sera pendu.
FIERAMOSCA.
Mais, monseigneur, s'il fait en sorte
De finir en temps voulu,
Et Pompée...
LE CARDINAL.
Eh! que m'importe
Pompée à moi?... c'est entendu,
A l'instant il sera pendu.

*ENSEMBLE.*

TERESA, ASCANIO, BALDUCCI *et* FIERAMOSCA.
Pendu!.. pendu!
Si Persée enfin n'est fondu.
Eh quoi? grand Dieu! lui! pendu!
Ah! c'en est fait! il est perdu!
C'est bien! le fat sera pendu!
CELLINI, *ironiquement au cardinal.*
Pour mes péchés quelle indulgence!
O monseigneur, que de bonté! pendu!
LE CARDINAL.
Oui, pendu!
LE CARDINAL.
Ah! maintenant de sa folle impudence
Il n'ose s'applaudir.
C'était trop d'insolence,
Et je dois le punir.
CELLINI.
Ah! je me sens trop de puissance,
Dieu m'aidant, je dois réussir.

*ENSEMBLE.*

TERESA.
Plus de chance!
Son sort est de périr!
Contre lui Dieu même se range!

Hélas! comment pourrait-il réussir?
### ASCANIO.
Qu'importe qu'on se venge!
Que la fange
Sur ses pas vienne à jaillir!
Dans le cœur il a trop de puissance
Pour défaillir.
Dieu chérit l'assurance.
Le grand cœur! j'ai bonne espérance;
Le lion de Florence
Ne craint pas les combats!
Leur basse vengeance
Ne triomphera pas!
### CELLINI.
Je brave leur vengeance!
Ah! dans l'âme j'ai trop de puissance
Trop d'ardeur pour me voir aujourd'hui défaillir.
Dieu m'aidant, je saurai réussir!
Le lion de Florence
Ne craint pas les combats;
Leur basse vengeance
Ne triomphera pas!
### TERESA.
Ah! c'en est fait! je perds toute espérance!
Seul contre tous, peut-il donc réussir?
Je n'ai plus qu'à mourir
De regrets, de souffrance!
Il n'est plus d'espérance!

De son audace Dieu s'offense:
La céleste vengeance
Le voue au trépas!
### BALDUCCI et FIERAMOSCA.
Ah! maintenant de sa folle imprudence
Le fat n'ose plus s'applaudir:
C'était trop d'insolence,
Il fallait le punir.
Cette fois je vais donc assouvir ma vengeance!
Bonne espérance!
Pour le coup ce hautain, ce fat, ce fier à bras,
A la fin, le voilà mis à bas!
O fureur, ô vengeance
Accourez à grands pas!
### LE CARDINAL.
Ah! c'en est fait! je n'ai plus d'indulgence,
Je devais le punir:
C'était trop d'insolence,
Il fallait en finir.
Qu'il s'arrange! A ma juste sentence
Il n'échappera pas!
### CHOEUR de la suite du Pape.
Quelle impudence!
C'est trop peu de la potence
Pour punir justement sa coupable arrogance.
Quelle indulgence!
L'insolent n'en mérite pas!

---

# QUATRIÈME TABLEAU.

## SCÈNE VII.
Le théâtre représente une partie de l'atelier de fonderie établi dans le Colysée. Au fond, un rideau cachant la fournaise et les ouvriers fondeurs. Deux portes à droite à gauche. Différents ouvrages de Cellini, en or, en argent, en bronze et en étain, répandus çà et là à terre, ou posés sur des dressoirs.

L'horloge sonne quatre heures.

### ASCANIO seul.
Il entre en gambadant par la coulisse de gauche.
#### AIR.
Tra la, la, la, la, la......
Mais qu'ai-je donc?... Tout me pèse et m'ennuie!
Mon âme est triste... Mais bah! tant pis!
Quand vient la mélancolie
Que d'ennui j'ai le cœur pris;
Tra la, la, la... moi je chante et je ris,
Moi soudain je m'étourdis.

C'est donc ce soir que l'on baptise
Dans le feu notre enfant d'airain:
Le Colysée est son église,
Le cardinal est le parrain,
Et les témoins tout le peuple romain!
Tra la, la, la, la, la.....
Mais qu'ai-je donc?... etc...
Ah! ah! ah! ah! la bonne scène!
— A moi, mes gardes! qu'on l'entraîne?
— Chut, Eminence!... ou ce marteau...
— Tout beau! tout beau! je capitule;
Dès qu'on avance, je recule.
—Alors, primo, je veux ma grâce!—Concedo!
Et secondo je veux Teresa—Concedo!
Tout à coup monseigneur s'arrête,
De mon maître il lui faut la tête,
Rien que cela?
Ah! ah! ah! ah!....

## ACTE II, SCENE VII.

— Si Persée enfin n'est fondu,
Dès ce soir tu seras pendu.
Pendu ! pendu ! c'est convenu !
Ah ! ah ! ah ! monseigneur,
Quelle faveur !
Mais qu'ai-je donc ?... etc...
. . . . . . . . . .

Ascanio, sur un geste de Cellini, entre par la coulisse de droite dans la fonderie d'où sort son maître.

### SCÈNE VIII.

CELLINI, seul et pensif.

Seul pour lutter, seul avec mon courage !
Et Rome me regarde !... Allons, vents inhu-
  mains,
Soufflez, gonflez les flots et vogue dans l'orage
La nef de nos sombres destins !

### AIR.

Sur les monts les plus sauvages
Que ne suis-je un simple pasteur,
Conduisant aux pâturages
Tous les jours un troupeau voyageur !
  Libre, seul et tranquille,
  Sans labeur fatigant,
  Loin des bruits de la ville,
  Je chanterais gaîment ;
  Et le soir dans ma chaumière,
  Ayant pour lit la terre,
  Comme au bras d'une mère
  Je dormirais content.
Sur les monts les plus sauvages, etc...

### SCÈNE IX.

CELLINI, ASCANIO, CHOEUR D'OUVRIERS
FONDEURS, en dehors.

LE CHOEUR.
Bienheureux les matelots,
Ces enfants des flots !
CELLINI, avec humeur.
Allons ! encor cette chanson plaintive !
LE CHOEUR.
Sur la mer joyeusement
Ils suivent le vent.
CELLINI.
Toujours avec cet air quelque malheur arrive.
LE CHOEUR.
Et quand sombre leur vaisseau,
L'onde est leur tombeau.
ASCANIO à part.
Funeste présage,
Que ce chant-là !

CELLINI.
Jamais mon ouvrage
Ne réussira
S'ils perdent courage.
S'adressant avec énergie à ses ouvriers.
C'est d'un fleuve de métaux
Que nous sommes matelots !
Régner sur l'onde est un jeu,
Quand on règne sur le feu !
ASCANIO et CELLINI.
Allons, enfants, du cœur,
Redoublez tous de vigueur !
Allons, du cœur !
Mélangez le fer et l'étain ;
Au succès nous boirons demain !
LE CHOEUR, plus tristement encore.
Bienheureux les matelots,
Ces enfants des flots !
CELLINI, prenant un tablier pour le ceindre autour
  de lui.
Vite, au travail ; sans plus attendre !
On frappe à la porte.
Mais qui fait tout ce fracas ?
ASCANIO, qui a ouvert, revenant précipitamment.
Fieramosca !
CELLINI.
Quel surcroît d'embarras !

### SCÈNE X.

LES PRÉCÉDENTS, FIERAMOSCA et deux SPA-
DASSINS, porteurs d'immenses rapières.

CELLINI.
Que veut ce sot avec ses fier-à-bras ?
FIERAMOSCA, avec gravité.
Cellini, je viens de ce pas
En enfer te faire descendre.
CELLINI.
En enfer me faire descendre ?...
Explique-toi, mauvais bouffon.
FIERAMOSCA.
Eh bien ! je viens te demander raison
De tes injures.
CELLINI.
Toi, poltron ?
Tu ne ris pas ?
FIERAMOSCA.
C'est tout de bon.
ASCANIO.
C'est tout de bon ?
FIERAMOSCA.
Et sur-le-champ.
ASCANIO.
Sans prendre haleine ?

CELLINI.
Mais je ne puis sortir.
FIERAMOSCA.
Tu recules?...
CELLINI, *bondissant d'indignation.*
Dégaine !
Nous nous battrons ici.
FIERAMOSCA.
Non, non !
Si je te tue en ta maison,
Je suis un assassin... c'est la loi.
CELLINI.
Fanfaron !
Je vois ce que tu veux, m'empêcher de rien faire ;
Mais, grâce à Dieu, j'espère
Te donner promptement une bonne leçon.
Ton rendez-vous !
FIERAMOSCA.
Ici, tout près, derrière
Le cloître Saint-André, nous t'attendons.
CELLINI.
C'est bon.
Va devant, je te suis.
FIERAMOSCA, *jetant à Cellini des regards farouches.*
Bien : qu'il ose s'y rendre,
En enfer je le fais descendre !
Il sort avec les deux spadassins par la porte de gauche.

## SCÈNE XI.

CELLINI, ASCANIO.

CELLINI.
Quel contretemps que ce duel-là !
Vite, allons ma rapière !

## SCÈNE XII.

TERESA *en habit de voyage,* CELLINI.

CELLINI, *vivement et sans se retourner.*
Encor Fieramosca !
*Apercevant Teresa.*
Teresa ! Dieu du Ciel ! Teresa !
TERESA.
Mon père nous trahit !
CELLINI.
Comment ! que dis-tu là ?
TERESA.
En vain son Éminence,
Prenant notre défense,
A décidé que Toscan ni Romain
Jusqu'à ce soir n'aurait droit à ma main.
CELLINI.
Eh bien ! ma chère ?

TERESA.
Bravant cet ordre saint, mon père
A voulu m'éloigner de la ville ; mais moi
Je me suis échappée
Et je reviens à toi !

## SCÈNE XIII.

TERESA, CELLINI, ASCANIO.

ASCANIO, *sans voir Teresa.*
Maître, voici ton épée !
TERESA.
Une épée !... où vas-tu ?
CELLINI.
Je reviens à l'instant.
TERESA.
Non, non ! tu vas certainement
Te battre !... reste ici !
CELLINI.
Je ne le puis, vraiment !
TERESA.
Je m'attache à tes pas.
CELLINI.
Ne crains rien, chère enfant ;
Je m'en vais envoyer au diable
Ton futur époux, ton amant !
TERESA.
Fieramosca ?
CELLINI.
Le misérable !
Il vient de m'insulter !
TERESA.
C'est quelque guet-apens !
J'ai de sombres pressentiments !
CELLINI.
Rassure-toi.
TERESA.
Grand Dieu !
CELLINI.
Ce n'est pas un Hercule ;
Ce n'est qu'un vil bouffon
Dont la bravade est ridicule,
Et que je vais punir d'une rude façon.
*Il sort avec Ascanio.*

## SCÈNE XIV.

TERESA, *seule.*

Quoi ? ma prière est vaine !
Me laisser seule ici...
Pour se battre il est parti !
CHOEUR *d'ouvriers fondeurs, en dehors.*
Cellini ! Cellini !
Non, plus de travaux !
Laissons les fourneaux !

TERESA.
Qu'entends-je ?... fuir !... rester ! hélas !...
S'il ne revient pas,
Ma perte est certaine !

## SCÈNE XV.

TERESA, BERNARDINO, FRANCESCO *et le*
CHOEUR DES OUVRIERS *en tumulte, noirs de sueur et de fumée.*

BERNARDINO, FRANCESCO *et* LE CHOEUR.
Peuple ouvrier,
Que l'atelier
Vite se ferme.
A bas les marteaux !
Pelles et ciseaux !
Laissons nos fourneaux !
Quittons les travaux,
Et que le repos
Enfin mette un terme
A tous nos maux !
TERESA.
Dieu ! quelle colère !
Que voulez-vous faire ?
LE CHOEUR.
Sortir tous d'ici !
TERESA.
Eh ! mais... mais Cellini.
LE CHOEUR.
Le maître sans gêne
Nous laisse la peine ;
Ah ! pour l'enrichir
C'est par trop souffrir !
TERESA.
De la patience,
Cellini s'avance,
Il va revenir.
LE CHOEUR.
Nous voulons sortir.
TERESA.
Ah ! que devenir ?
LE CHOEUR.
A nous sur la terre
Labeur et misère.
A nous le malheur,
Au maître l'honneur.
TERESA.
Allons, du courage !
Reprenez l'ouvrage.
LE CHOEUR.
C'est trop souffrir
Pour l'enrichir.
TERESA.
Vous serez, je gage,
Bien payés demain,

LE CHOEUR.
Demain ?... nous sommes sans pain,
Nos enfants ont faim !
TERESA.
O sainte madone,
Hélas ! n'abandonne
Jamais mon époux !
LE CHOEUR.
Allons-nous-en tous !
TERESA.
Je m'attache à vous.
LE CHOEUR.
Non, non ; laissez-nous,
C'est pure folie !
TERESA.
Je vous en supplie !

## SCÈNE XVI.

LES PRÉCÉDENTS, FIERAMOSCA.

TERESA, *apercevant Fieramosca.*
O ciel ! il est mort !
*Elle tombe presque évanouie dans les bras de Bernardino et de Francesco.*
LE CHOEUR.
D'où vient ce transport ?
FIERAMOSCA, *étonné.*
Ah ! que signifie
Cette clameur-là ?
LE CHOEUR.
Secourons-la,
Elle perd la vie.
TERESA, *revenant à elle.*
O bons ouvriers !
Vengez votre maître
Tué par ce traître
Aux bras meurtriers !
LE CHOEUR.
Quoi ! l'infâme traître
A tué le maître !
TERESA.
C'est un spadassin !
LE CHOEUR.
A mort ! l'assassin !
FIERAMOSCA, *se débattant.*
Ah ! point de colère !
Je suis votre ami !
*Les ouvriers en le secouant font tomber de l'or de ses poches.*
LE CHOEUR.
Quoi ! tant d'or sur lui !
Qu'en voulait-il faire ?
FIERAMOSCA.
Je venais en frère
Vous faire

Gagner un meilleur salaire,
Hélas! que celui
Qu'on vous donne ici.
### LE CHOEUR.
Au diable! merci!
De ton vil salaire
Que pouvons-nous faire
Pour l'égorgeur
Du grand ciseleur?
Vite, à la chaudière.
### FIERAMOSCA, *criant.*
Ah! ah! je suis votre ami!
### LE CHOEUR.
A mort! vite à la chaudière.

## SCÈNE XVII.
### LES PRÉCÉDENTS, CELLINI et ASCANIO.
### CELLINI.
Holà! qu'est ceci?
### LE CHOEUR *et* TERESA, *sautant au cou de Cellini.*
Grand Dieu! Cellini!
### CELLINI.
Eh! oui, me voici!
### TERESA.
Quel bonheur! j'ai craint que la vie
Ne te fût ravie,
O mon cher époux!
### LE CHOEUR.
Nous l'avons craint tous.
### CELLINI.
Ah!... rassurez-vous.
*A Fieramosca encore tout essouflé.*
Chez moi, téméraire,
Que viens-tu donc faire,
Quand le fer en main
Je t'attends en vain.
### FIERAMOSCA, *tremblant.*
Je viens sans mystère...
Je viens...
### LE CHOEUR, *montrant l'or qu'ils ont ramassé.*
Pour tâcher
De nous embaucher.
### CELLINI.
Comment! soudoyer
Tout mon atelier?
Je sens ma colère!...
### FIERAMOSCA, *plus tremblant.*
Je viens..., cher confrère...
Je viens...
### CELLINI.
Tu viens pour travailler.
### LE CHOEUR.
Comment? comment? travailler!

### CELLINI.
Oui, oui, travailler...
Couvrez-moi ce drôle
Du noir tablier,
Et dans l'atelier
Qu'il fasse son rôle,
Ou par Dieu!
### LE CHOEUR.
Bien! c'est drôle!
### ASCANIO, TERESA *et* LE CHOEUR.
Allons, fier Vulcain,
Accepte ce rôle,
Ou tu prends un bain
Dans un flot d'airain.
### FIERAMOSCA, *pendant qu'on l'habille.*
J'aime mieux ce rôle
Que de prendre un bain
Dans un flot d'airain.
### ASCANIO, FRANCESCO *et* BERNARDINO.
A l'atelier!
### LE CHOEUR.
Peuple ouvrier
Rentre à pas leste,
Et que les marteaux,
Pelles et ciseaux
Achèvent le reste
De nos travaux.
Rentrons, et que les fourneaux
Sortant du repos
Achèvent le reste
De nos travaux,
Retournons aux fourneaux,
Reprenons nos travaux.

### ENSEMBLE.
### TERESA *et* ASCANIO.
Allons! aux fourneaux!
Et que les marteaux,
Pelles et ciseaux
Sortant du repos
Achèvent le reste
De nos travaux.
### CELLINI, TERESA *et* ASCANIO.
Rentrez tous aux fourneaux
Achever vos travaux!
La bonne tournure!
Plaisante figure!
### FIERAMOSCA.
J'aime mieux ce rôle
Que de prendre un bain
Dans un flot d'airain.

*Le chœur rentre dans la fonderie, suivi de Fieramosca, qui sur un geste de Cellini se résigne à l'y précéder.*

## SCÈNE XVIII.
### TERESA, ASCANIO.
#### TERESA.
Ah ! le calme renaît dans mon âme inquiète,
Mais le ciel est encor bien noir !
#### ASCANIO.
Du courage ! avant la tempête,
Au port nous entrerons ce soir.

## SCÈNE XIX.
### LES PRÉCÉDENTS, LE CARDINAL ET SA SUITE, BALDUCCI, puis CELLINI.
#### ASCANIO.
Le cardinal !
*Il va au-devant de Cellini qui paraît.*
#### BALDUCCI, *stupéfait.*
Thérèse ici !
#### TERESA.
Mon père !...
#### LE CARDINAL, *imposant silence au trésorier.*
Arrêtez, Balducci !
*Il se tourne vers Cellini.*
Eh bien ! démon, as-tu fini ?
#### CELLINI.
Non, pas encor ; mais, Dieu merci,
Tout va très bien. Le feu mugit sous la chaudière,
Et les flots ardents du métal
Vont descendre à votre signal
Dans les entrailles de la terre.
#### BALDUCCI.
Le fanfaron !
#### LE CARDINAL.
Fausse gaîté !
Avec son sang-froid affecté
Le drôle en ce moment m'outrage ;
Mais patience !... Allons, commence.

## SCÈNE XX.
*Le rideau se lève et laisse voir l'intérieur du Colysée où est établie la fonderie. Au fond, le cirque est garni de spectateurs ; à droite, le fourneau tout en feu et une échelle conduisant à la chaudière ; au milieu, la rigole destinée à recevoir le métal en fusion. Il fait nuit, l'atelier est éclairé par des torches. A gauche, un siége d'honneur où le cardinal prend place, entouré de toute sa suite.*
#### FIERAMOSCA.
Du métal !
Du métal ! il nous faut du métal !
Ou bien nous suspendons l'ouvrage !
#### CELLINI.
Que ? dis-tu fondeur infernal,
#### FIERAMOSCA.
Du métal ! il nous faut du métal !
Ou bien nous suspendons l'ouvrage !
#### CELLINI.
Je vais voir... Contre-temps fatal !
*Il va vers la fournaise.*
#### BALDUCCI, *reconnaissant Fieramosca.*
Fieramosca !... quel équipage ?
#### FIERAMOSCA, *embarrassé.*
Oh ! je conviens !...
#### BALDUCCI.
Quel noir visage !
Vraiment, je ne vous comprends pas.
#### FIERAMOSCA.
Entre artiste ne doit-on pas
S'entr'aider ?
#### CELLINI, *revenant l'air soucieux.*
*A Fieramosca.*
Allons !... à l'ouvrage !
*Fieramosca, sur un geste impérieux de Cellini, retourne à la fournaise et Cellini le suit presque aussitôt.*

### ENSEMBLE.
#### TERESA et ASCANIO.
Quelle pâleur sur son visage !
O Dieu ! ne l'abandonne pas !
#### BALDUCCI et LE CARDINAL.
Quelle pâleur sur son visage !
Je le crois dans un mauvais pas !
#### CELLINI, *revenant, l'air brusque et agité.*
*Au cardinal*
Pardonnez, il faut l'œil du maître :
De métal je viens de repaître
La chaudière, elle est toute en feux ;
A présent tout va pour le mieux.
*Les ouvriers travaillent avec un redoublement d'activité.*
#### BERNARDINO, *accourant effrayé.*
Maître ! la fonte se fige !
#### TOUS.
La fonte se fige !
#### BERNARDINO.
Du métal !
#### CELLINI.
Tout est-il fondu ?
#### BERNARDINO.
Tout : il en faut d'autre, vous dis-je !
#### CELLINI.
Je n'en ai plus. Je suis perdu !
#### TOUS.
Il n'en a plus, il est perdu !
#### LE CARDINAL.
Le fanfaron est confondu !
#### BALDUCCI.
Le spadassin sera pendu !
#### LES OUVRIERS.
Du métal ! le temps se passe !

CELLINI, *balbutiant.*
Attends!... que faut-il que je fasse?...
Comment parer ce coup fatal?
LES OUVRIERS, *redoublant de cris.*
Du métal! du métal! du métal!
CELLINI, *exaspéré, levant les mains au ciel.*
Seigneur, use de ton pouvoir!
Dans ta main est le seul remède!
Si tu ne veux pas que je cède
  Au désespoir,
Aide-moi donc, puisque je m'aide!...
Je suis sauvé!... Dieu, m'est en aide!...
  *A Francesco et à Bernardino.*
Prenez tout ce que je possède!
Ne laissez rien dans l'atelier.
FRANCESCO *et* BERNARDINO.
Quoi! tous vos chefs-d'œuvre!!!
CELLINI.
                              N'importe!
Or, argent, cuivre, bronze; emporte,
Et jette tout dans le brasier.

*A l'exemple de Cellini, Ascanio, Francesco, Bernardino et les ouvriers s'emparent de tous les ouvrages que contient l'atelier, et les lancent dans la chaudière.*

### ENSEMBLE.

TERESA.
Hélas! la force m'abandonne!
Va-t-il malgré tout réussir?
LE CARDINAL, *debout sur l'estrade.*
Vraiment! son audace m'étonne :
Va-t-il malgré tout réussir?
BALDUCCI.
Ma foi! la raison l'abandonne!
Le fou se ruine à plaisir.

*On entend une détonation; c'est la chaudière qui éclate.*

TERESA, LE CARDINAL *et* BALDUCCI.
Ah! quel fracas! que croire?
CELLINI *désespéré, se précipitant sur l'avant-scène.*
Je suis perdu!

LES OUVRIERS, *au fond du théâtre.*
Vivat, maître!
LES OUVRIERS *et* LES SPECTATEURS.
Victoire!

*A ce cri, tous les regards se tournent vers la chaudière, d'où s'élance un torrent de métal liquide qui se précipite dans la terre.*

FIERAMOSCA, *noir de fumée, perçant la foule pour arriver jusqu'à Cellini.*
Allons, vivat! faites-moi place,
Ce cher ami, que je l'embrasse!
BALDUCCI, *menant Teresa à Cellini.*
Il réussit! j'en étais sûr!
Ma fille, embrasse ton futur!
CELLINI, *à part.*
C'est à qui sera le plus lâche,
Maintenant.        *Haut.*
           Monseigneur, j'ai terminé ma tâche.
LE CARDINAL, *descendu de son siège.*
Puisque Dieu lui-même a béni
Tes travaux et ta hardiesse,
J'acquitte à l'instant ma promesse,
Et te pardonne, ô Cellini!
CELLINI.
O ma Thérèse!
TERESA.
    O Cellini!
FRANCESCO, BERNARDINO *et* CHOEUR.
Vivat! vivat!
FIERAMOSCA *et* BALDUCCI.
Gloire à nous!
ASCANIO *et* FRANCESCO.
              Gloire à lui!
CHOEUR GÉNÉRAL.
Gloire, gloire immortelle!
L'or comme un soleil luit!
Le rubis étincelle
Comme un feu dans la nuit!
Les métaux, ces fleurs souterraines
Aux impérissables couleurs,
Ne fleurissent qu'au front des reines,
Des papes et des empereurs!
Honneur aux maîtres ciseleurs!

FIN.

www.ingramcontent.com/pod-product-compliance
Lightning Source LLC
Chambersburg PA
CBHW070710050426
42451CB00008B/583